Ce que la vie m'a appris

Du même auteur

Le Métier de patron, avec Jean-Louis Servan-Schreiber, Paris, Fayard, 1990
La Féminité, de la liberté au bonheur, Paris, Stock, 1994
Et nourrir de plaisir, Paris, Stock, 1996
Le Bonheur de cuisiner, Paris, Éditions de La Martinière, 2010
Desserts : moins de sucre, plus de goût, Paris, Éditions de La Martinière, 2012
La Cuisine de Perla, Paris, Éditions de La Martinière, 2015

© Flammarion, Paris, 2017

Perla
Servan-Schreiber

Ce que la vie
m'a appris

Flammarion

À toutes ces jeunes femmes, mes amies,
qui m'ont suggéré ce livre :
« Soyez belles si possible, spirituelles au besoin
mais élégantes quoi qu'il arrive ! »

SOMMAIRE

Introduction...... *p. 9*
Mon chat, mon maître...... *p. 15*
La joie, apprentissage ou contagion ?...... *p. 19*
Cuisiner, un exercice spirituel...... *p. 25*
L'ego, le temps des selfies...... *p. 29*
Se ressourcer, le dialogue corps et âme...... *p. 35*
Les vacances, un parfum d'enfance...... *p. 41*
Insatisfaite ? Utile pour trouver
de nouvelles voies...... *p. 47*
Faire confiance à soi, aux autres,
l'énergie précieuse...... *p. 55*
L'argent, pour ne plus y penser...... *p. 61*
Le couple, s'aimer longtemps,
c'est possible...... *p. 67*
   La rencontre...... p. 72
   Le premier texto...... p. 78
   En faire LE projet de votre vie...... p. 80
   L'autre + soi = le couple. 1+1 = 3...... p. 85
   La routine tue l'amour, le rituel le cultive...... p. 91
   Se quitter, une vie, plusieurs vies...... p. 94
La nouvelle place du travail,
l'ère de l'intégration...... *p. 97*
Rire, cet éclat salutaire...... *p. 105*
Faire son deuil, en prenant le temps...... *p. 111*

La mort, peut-on l'apprivoiser ?...... *p. 117*
L'énergie du silence...... *p. 121*
Vie privée, l'intimité a-t-elle un avenir ?...... *p. 125*
L'acceptation, ce OUI qui change tout...... *p. 131*
L'échec, trompez-vous de bon cœur !...... *p. 137*
Le blues du dimanche,
à rouler dans la farine...... *p. 141*
Le voyage, pour revenir avec un œil neuf...... *p. 147*
Ralentir pour mieux accélérer.
Mes dix clés...... *p. 151*
  Méditer...... p. 154
  Adopter la slow food*......* p. 159
  Flâner...... p. 163
  Écouter...... p. 166
  S'amouracher du quotidien...... p. 170
  Marcher tous les jours...... p. 172
  Faire une retraite annuelle...... p. 175
  Pratiquer une activité manuelle...... p. 178
  S'alléger...... p. 181
  Patienter...... p. 183
Vieillir, enfin libre !...... *p. 187*
Trouver sa place pour ne pas se tromper
de vie...... *p. 193*
L'essentiel est mystère...... *p. 201*
Conclusion...... *p. 205*

INTRODUCTION

« *Il faut si peu de mots pour dire les quelques grandes choses qui comptent dans la vie. Je voudrais tracer ces quelques mots au pinceau, sur un grand fond de silence.* »

Etty Hillesum

LA GRANDE AFFAIRE DE MA VIE EST D'AIMER. Apprentie à vie je suis.

Je sais peu de choses. J'en ai compris encore moins. J'ai pourtant essayé et retiré quelques bénéfices de dix ans de psychanalyse. De mes 73 années surtout. Pour découvrir ou réaliser : vivre est plus simple qu'on ne le croit.

Je sais peu de choses.

Ma pente naturelle est de sentir et ressentir. La compréhension suit ou pas. Pour une simple raison : il n'y a pas grand-chose à comprendre. Juste à aimer et accueillir ce qui se présente. Entre-temps, on s'agite, on travaille. On fait souvent des enfants ou (et !) des œuvres, des entreprises, avant de se retirer à temps pour retenir de toute cette activité une poignée d'essentiels.

Quelques « points d'or », disait le poète Joseph Delteil.

À propos de la cuisine, il souligne que l'essentiel, à ses yeux, n'est jamais précisé dans une recette – parce que fréquemment ignoré. Ainsi note-t-il que pour goûter au mieux des petits pois, le point d'or n'est guère la cuillerée de sucre, ni la feuille de laitue qu'on y ajoute à la cuisson, mais le fait de les « cueillir avant le lever du soleil ». Depuis cette lecture, j'imagine que la rencontre amoureuse, banale et magique à la fois, doit être comme un petit pois, gardienne d'un secret. Un jour on le découvre en rencontrant l'homme ou la femme de sa vie, idéalement sans l'avoir cherché. Et qui sait, en le cueillant peut-être, dans son sommeil, au petit matin, avant le lever du soleil.

Mes « points d'or » à moi sont des découvertes sur mon chemin de vie.

Mes « points d'or » à moi se sont imposés en chemin, sur une route que je partage depuis trente ans avec JL, l'homme de ma vie. Vous en trouverez ici des récits modestes mais authentiques, qui reviennent dans différents chapitres, tels des mantras.

Le premier : on ne sait pas grand-chose de soi-même, encore moins des autres, y compris des plus intimes. Seule la vie ne cesse de nous révéler à nous-mêmes, de clins d'œil en croche-pieds. Sa manière à elle de s'excuser d'être absurde.

Le second, déjà évoqué : vivre est plus simple qu'on ne le croit. Simple, mystérieux, énigmatique. Comme un bâtiment de Tadao Andō, mon architecte préféré, japonais, qui travaille le béton et la lumière. Atteindre cette simplicité, ce dépouillement, est le cœur même de tout art. Comme prendre conscience de la simplicité de vivre – on s'applique si souvent, avec talent, à cumuler au lieu de renoncer. « Less is more », disait un autre grand architecte et designer, Mies van der Rohe.

Mon troisième et dernier « point d'or » : les rencontres contribuent à sculpter la vie. Elles nous transforment ou nous révèlent, pour faire de nous ce que nous sommes. Je les appelle mes « soleils ». Ce sont quelques rares personnes (famille, amis, amours), mais aussi des textes, des musiques, des lieux.

Cet ouvrage pourrait s'arrêter là, ce qui donnerait raison à Etty Hillesum – « si peu de mots ». Mais je doute que mon éditrice saisisse l'idée d'un TweetBook en cent quarante mots.

D'où ce livre, volontairement petit, sur le vaste sujet qui nous occupe tous : vivre. Un parmi d'autres, écrit avec sincérité et tranquillité

– privilèges de l'âge qui libère la parole et autorise partage et transmission. Des pages à butiner, peut-être à méditer. Qui poursuivent une conversation entamée il y a un an avec quelques milliers de lectrices de My Little Paris. Nous nous sommes « rencontrées » et appréciées sur Facebook, sous la signature « La Minute Perla ».

Tout a commencé quand mes jeunes amies qui ont créé cette newsletter d'adresses parisiennes insolites, devenue une ruche créative de plus de cent cinquante personnes, m'ont demandé d'imaginer avec elles une série de vidéos d'une minute ou deux pour partager et transmettre à de plus jeunes, quelques-unes de mes expériences de vie. J'ai saisi cette chance.

Bienveillance et patience furent au rendez-vous, pour permettre à la femme de presse que j'étais de vivre agréablement l'expérience inédite et intimidante de la caméra en gros plan. Leur confiance m'a donné des ailes. L'amitié et la tendresse que je leur porte ont fait le reste. Les lectrices ont suivi. Qu'elles me pardonnent de les avoir abandonnées, le temps d'écrire ce livre dont je les avais tenues informées.

Partager, transmettre, quelquefois inspirer : telle est l'ambition de ce petit livre.

Si le partage est largement pratiqué, grâce aux réseaux sociaux, la transmission entre

générations semble, elle, en panne – au dire de mes jeunes amies qui ont la moitié de mon âge. Le philosophe Roger-Pol Droit confirme : « La pathologie du XXIe siècle se caractérise par une perte des perspectives temporelles. Tout se passe maintenant. Ni le passé ni l'avenir ne signifie plus grand-chose. Ce qui s'est dissous ? La conviction d'hériter des siècles antérieurs, le devoir de transmettre aux générations suivantes. »
Le besoin s'en fait ressentir, au point donc que l'équipe de My Little Paris, dont l'intuition n'est plus à prouver, m'a demandé d'imaginer avec elle « La Minute Perla » dont ce livre est l'enfant naturel.
L'école de la vie, en somme. Celle qui n'est enseignée ni en classe, ni à l'université, ni vraiment par les parents. Avec la réserve consciente que toute expérience est unique – mais l'observation avérée que plus on raconte son chemin singulier, plus des gens s'y reconnaissent. Énigme de la transmission.
Le monde où je suis née a changé à grande vitesse – la vie des femmes surtout, et de ce fait, la relation hommes-femmes. Reste immuable le fait que nous venons au monde en sachant, et en l'oubliant trop souvent, que l'on doit vieillir puis mourir. Inchangé aussi, le désir de rencontrer, d'aimer et d'être aimé, de construire une famille,

de travailler. Et si les textos ont remplacé les lettres d'amour, j'observe, à ma grande surprise, que les interrogations relationnelles – « j'y vais-j'y vais pas » – sont intemporelles.

J'ai pris le risque, au fil de ces chapitres, de traiter aussi bien du premier texto d'amour que des vacances ou de la mort. Parce que la vie est faite de clins d'œil, de drames, de joies, de paradoxes, de rencontres, inconsciemment stockés dans notre mémoire.

Ainsi apprenons-nous à trier et reconnaître ce qui nous fait du bien. Sorte d'harmonie entre ce que nous comprenons et ce que nous ressentons. Comme cela prend du temps, on trouve que la vie est un peu courte.

Courte, la vie ? À 73 ans, je n'en suis pas encore convaincue. Pour Etty Hillesum, elle le fut, hélas. Mais vingt-neuf ans lui ont suffi pour comprendre l'essentiel et nous le transmettre dans son livre qui ne me quitte pas, *Une vie bouleversée*. Son « point d'or » ? La joie, malgré tout.

La joie, malgré tout.

À vous de trouver le vôtre, grâce à ce que la vie vous aura appris.

Bonne lecture et belle vie !

Mon chat, mon maître

« Quand Margot dégrafait son corsage
Pour donner la gougoutte à son chat
Tous les gars, tous les gars du village
Étaient là, la la la la la... »

Brave Margot, Georges Brassens

Si tu pouvais me lire, tu serais surpris. Toi, un maître ?
Tu es Kat. Pleinement et simplement. Non content de porter ta grâce et ta beauté d'abyssin bleu, ton tempérament nous fait craquer : présence, tendresse, goût des autres. Libre, tu règnes.
Un maître indique un chemin, une attitude. À te voir, on apprend mieux à être. T'observer est un enseignement.
Chacune de tes postures, que tu tiens longuement, est parfaite. Tu sembles si bien dans ta peau de chat.

À te voir, on apprend mieux à être.

Une étoile de l'Opéra doit travailler sept heures par jour pendant vingt ans pour parvenir à cette perfection. Et lorsqu'elle est en scène, nous ne devons rien sentir de cet entraînement difficile, contraignant et douloureux. Le vrai travail ne se voit pas.

À toi, Kat, cette grâce est offerte. À ton tour, tu nous en fais cadeau. Je te donne quelques croquettes, tu me les rends en émerveillements. À 12 ans, tu ne sembles pas vieillir. Ta beauté est intacte, ta souplesse aussi. Quand tu sautes d'un bond sur le plan de travail de la cuisine, je prends garde à notre dîner.

Je n'oublierai pas le jour où, ignorant que tu aimais les asperges, j'ai découvert en passant à table que tu en avais délicatement grignoté toutes les pointes. Mais quand, à la campagne, tu me ramènes en trophée une souris, un oiseau ou un lézard à la queue croquée, tu me rappelles que, sous tes airs raffinés, tu es resté un fauve. Et aussi un sprinter grimpeur quand nos chiens te coursent sur l'herbe et que tu les sèmes pour te réfugier en haut de l'arbre le plus proche.

Félin jusqu'au bout des griffes : élégance, agilité et cruauté.

Tu nous apprends à habiter le temps long.

Tu nous apprends à habiter le temps long et ça m'inspire, quand j'ai l'impression que ma vie se compte en minutes. Yeux mi-clos, pattes avant repliées sous ton ventre, tu deviens une

boule de méditation infinie. Moi pour qui dix minutes chaque matin sont déjà une performance bienfaitrice.
Méditer ? Je devine que ce mot te surprend, à la manière dont tu soulèves un bref instant tes paupières et daigne tourner ta tête dans ma direction.
Tu es seul à décider de ce que tu veux faire, et ne pas faire. Marcher sur nos têtes plusieurs fois dans la nuit ou sur nos claviers d'ordinateur, précisément quand nous y travaillons. Curieux de lire les feuillets fraîchement imprimés sur mon bureau, tu les envoies au sol de ta patte gauche. D'où mon obsession de tout numéroter. Tu manges et bois quand il te plaît, au fil des vingt-quatre heures du jour et de la nuit, y compris le reste de thé vert dans ma tasse. Point de nutritionniste pour te rappeler de manger modérément. Mais le jour où nous dégustons des moules ou de la raie, tu deviens très insistant. Et je cède car il m'est doux de satisfaire la gourmandise de ceux que j'aime, humains ou animaux.
Reconnaissant et câlin, tu accours pour nous accueillir le soir, tel un chien fidèle, dès que tu entends le bruit des clés dans la serrure.
Conscient de ta beauté, tu ne t'encombres de rien d'autre. Un sens de la pose que t'envierait la plus rompue des top models. Un appareil

photo ? Une caméra ? Tu te places d'instinct dans le champ. Un spot éclaire le bar de la cuisine, tu es pile dans son rayon. Aussi figures-tu sur toutes les images tournées ou photographiées dans l'appartement.

J'envie ton côté « madame sans-gêne ». Parvenir à cette liberté est mon rêve de toujours. Non pour manger et dormir à toute heure (encore que), mais pour être pleinement moi-même, sans entraves.

Comme l'âge, l'observation d'un chat est un formidable accélérateur de liberté.

Déjà, l'âge est un formidable accélérateur de liberté. L'observation de Kat également, car il m'en indique le chemin avec la force de celui qui n'en a jamais formulé le projet. En étant Kat, sous mes yeux, jour après jour, tu me le rappelles à chaque instant. Ton aide est précieuse pour me ramener à l'essentiel, au calme, presque au détachement.

Douze années de grâce, de présence et de tendresse, sous nos yeux.

Douze années de leçons de vie qui ont porté quelques fruits.

Merci.

Kat est mort à la Toussaint, d'une maladie foudroyante. Il avait 12 ans.

Cham, abyssin bleu, assume la succession, jusqu'ici prometteuse.

La joie, apprentissage ou contagion ?

*« Attendez que ma joie revienne
Qu'au matin je puisse sourire. »*

Attendez que ma joie revienne,
Barbara

J'IGNORE SI LA JOIE S'APPREND. J'en doute. Sinon les joyeux seraient plus nombreux. Mais je suis sûre qu'elle est contagieuse. Et qu'elle change la vie, la rend plus exaltante, simple, légère. Selon Giono, elle donne une jeunesse durable, éternelle.

Magique ! La joie nous transforme. Libère nos capacités d'amour, de respiration, d'apprentissage ; saviez-vous que *ressentir* permet d'intégrer plus efficacement un savoir ? C'est pourquoi le théâtre est fait pour ressentir, non pour comprendre. Plus profonde et moins éphémère que le plaisir, plus intense que le bonheur, la joie

La joie est la manifestation de notre puissance vitale.

est la manifestation de notre puissance vitale, à tout âge.

Même si, comme le murmure Barbara, il arrive qu'elle s'absente ou se cache, pour revenir à sa guise.

Pour moi, génétique et contagion ont opéré. Je n'oublie jamais d'en remercier la vie, chaque matin.

Ma mère était joyeuse naturellement – bien que souvent malheureuse. Assombrie par une insatisfaction chronique. Elle n'avait eu « ni le destin ni le mari qu'elle méritait », disait-elle. Elle pouvait en pleurer comme en rire.

Mon père, qui n'était pas commode, avait beaucoup d'humour. Différent de la joie, mais tout aussi appréciable. Il a eu longtemps le goût de la fête. Il jouait lui-même du luth, l'« oud », et chantait.

Mais la personne à laquelle je me suis « frottée » dès l'enfance et qui est encore aujourd'hui, à 85 ans, une boule de joie par tous les temps, c'est ma tante Fortunée. Il suffit de la voir un quart d'heure pour le sentir : sa fortune, son trésor, son énergie, c'est sa joie. Un courage et une disponibilité que rien n'arrête. Ni les douleurs dues à son âge, ni les difficultés matérielles, ni les deuils. Rire et servir sont ses vocations.

Enfant, j'allais en vacances l'été chez mes grands-parents, au bord de la mer. Elle habitait à cinq minutes à pied avec sa nombreuse famille – un

mari jovial, exquis et des enfants magnifiques, au nombre de sept quand j'ai eu 16 ans. J'étais attirée par sa maison comme par un aimant. Magnétique, la joie ? Je trouvais toujours prétexte à aller chercher quelque chose chez elle – un citron, un œuf, une ampoule. J'y passais des heures. On envoyait un émissaire pour me récupérer : « Mais qu'est-ce que tu fais ? C'est l'heure du dîner ! » La joie développerait-elle cet « état de flux » qui m'est cher – où l'on n'est plus que pure présence ?
Je vois moins souvent ma tante Fortunée – cinq mille kilomètres nous séparent. Je lui rends visite une ou deux fois par an. À Jérusalem, où elle vit entourée de ses enfants, petits-enfants et arrière-petits-enfants. Je l'arrache, de son plein gré, à cette chaleureuse famille, et avec Betty, une de ses filles que j'ai vue naître, nous allons à Eilat nager dès l'aube, dans la mer Rouge. Comme moi, c'est dans l'eau de mer qu'elle recharge ses batteries. Elle aime cela plus que tout. Nous rions même en nageant, ce qui exclut tout projet de performance – vous avez compris que j'y suis étrangère.
Je ne peux rien lui refuser, pas même d'aller marcher une heure le long de la mer après dîner, alors que je tombe de sommeil et que le vent frais souffle comme il sait le faire là-bas en janvier. Pire encore, j'accepte de monter les douze

étages à pied pour rejoindre notre chambre d'hôtel après la marche, « pour digérer » dit-elle. Ma tante, irrésistible, mais épuisante.

La joie régénère.

Ma recommandation : repérez les gens joyeux, voyez-les souvent, travaillez avec eux si vous le pouvez. Vous savez combien le mimétisme compte dans les phénomènes humains – une théorie bien installée, y compris dans les champs de la politique et de l'économie, d'Aristote à Freud en passant par René Girard.

Le rire d'une seule personne déclenche le rire d'une tablée ou d'une salle entière. La toux aussi, au théâtre en particulier. Ainsi fonctionne l'imitation-libération.

La joie ne se commande pas. Elle se cultive. Jusqu'à ce qu'elle prenne racine dans votre être le plus profond. Dans votre cœur. Vous verrez alors d'autres venir se frotter à vous.

La règle d'or, vous la connaissez : se réjouir de ce qui est. Ne jamais oublier que notre existence est un miracle et savourer le simple fait d'être vivant. Toute joie comporte une dimension métaphysique.

À s'y adonner encore et toujours, vous le verrez : plus on est joyeux... plus on est joyeux.

La contagion opère durablement. En éclaboussant ceux qui vous entourent. Un être joyeux est rarement seul. C'est la grande leçon de

Fortunée : depuis qu'elle est veuve, environ une quinzaine d'années, jamais elle ne s'est réveillée seule. Chaque soir, à tour de rôle, et sans qu'elle n'en ait formulé la demande, un de ses petits-enfants (ils sont nombreux) vient dormir chez elle. Il sentira, en ouvrant les yeux, l'odeur de sa brioche préférée.

Cuisiner,
un exercice spirituel

« Comme l'écriture, la cuisine est le lieu d'une métamorphose. »

Maylis de Kerangal

Vous-même, faites-vous un peu de cuisine, ou pas du tout ? Moi, c'est mon truc. J'y pense comme un sportif à son entraînement quotidien.
J'aime manger, imaginer le repas du soir, anticiper, faire mon marché, peler, râper, pétrir, rissoler, et par-dessus tout, nourrir et servir à ma table. Même si je ne déteste pas aller au restaurant ! J'ai quitté le domicile familial à l'âge de 18 ans pour faire mes études de droit et aussitôt, cuisiner fut pour moi un réflexe naturel bien qu'encore très occasionnel. Encouragée par l'accueil qui était réservé à mes modestes tentatives, ce geste devint vite un plaisir, puis une nécessité, et enfin une addiction.

Ma mère était une remarquable cuisinière-pâtissière réputée et célébrée comme telle.

Pour aimer cuisiner, cela aide « d'avoir vu faire » – sa mère, sa grand-mère, son père ou la voisine. Chez nous, c'était ma mère, remarquable cuisinière-pâtissière réputée et célébrée comme telle. J'ai naturellement reproduit ses gestes, plus que ses recettes, avec la même joie.

Dans ma génération, au Maroc où je suis née et où j'ai grandi, toutes les mères étaient femmes au foyer et aux fourneaux. Pas le choix, l'industrie alimentaire en était à son balbutiement. Mais toutes n'avaient pas le « goût dans la main » comme disait mon amie Lise, la plus gourmande d'entre nous.

Pour se nourrir, il fallait cuisiner.

Pour vous, les jeunes de 50, 40 ans et *a fortiori* les trentenaires, l'histoire est autre. Vos mères, fort heureusement, travaillaient ou travaillent pour la plupart. Pour elles, le combat féministe a battu son plein, le micro-ondes et les surgelés sont entrés dans les foyers. Faire la cuisine, pour beaucoup de ces mères, était vécu comme une aliénation dont elles se sont libérées.

Pour se nourrir, plus besoin de cuisiner.

Mais lassés de mal manger, vous, leurs enfants, prenez plus souvent le chemin des marchés bio, des « paniers » paysans et des fourneaux. Les ateliers cuisine ne désemplissent pas. Une nouvelle génération de jeunes chefs invente une cuisine respectueuse du bon produit, raisonnable par

son prix, inspirée des saisons et exhalant des parfums du monde. Manger sainement est la tendance et faire la cuisine vient avec.
Cuisiner n'est plus une aliénation, mais un signe de distinction.
Qui l'eût cru ? Parmi mes petits-enfants, les garçons s'y mettent avec plus de cœur et de talent que les filles. Cela me réjouit. Je transmets à qui le veut bien, à commencer par l'envie de faire, essentielle.
« Comment trouves-tu le temps ? » me demande-t-on.
Je suis un être simple : ce qui me fait du bien devient prioritaire. Faire un plat ou un gâteau me détend, me régénère, m'absorbe. Cuisiner est devenu pour moi un exercice de spiritualité. L'« état de flux », cette sensation de plénitude dans laquelle je plonge alors devient une méditation en tablier de lin blanc. En toute chose, le vêtement est premier. Il conditionne à vivre une pratique pleinement, joliment et avec justesse. Avez-vous déjà vu un judoka, fût-il débutant, s'entraîner en jean et en baskets ?
Ajoutons que faire la cuisine est un gage de santé et d'économie. En choisissant des produits de saison, j'équilibre nos menus tout en veillant à la variété. Un inconvénient : comme c'est bon, il n'est pas rare que l'on se resserve, cédant à la gourmandise – à mes yeux une jolie vertu.

> *Cuisiner n'est plus une aliénation, mais un signe de distinction.*

> « Faire la cuisine est un acte de séduction. » Raison de plus pour vous y mettre !

Mon record ? Un dîner pour cinquante personnes, la semaine dernière. Au long d'un été, je « fais » deux cents couverts en moyenne, comme on dit dans la restauration ! Une tablée de personnes aimées qui disent « C'est bon » et se resservent : je suis comblée.

Je confirme ce que disait Françoise Giroud, grande journaliste, séductrice, mais aussi cuisinière : « Faire la cuisine est un acte de séduction. »

Raison de plus pour vous y mettre !

L'EGO,
LE TEMPS DES SELFIES

« Personne ne vit dans LE monde, chacun vit dans SON monde. »

Svâmi Prajnânpad

COMMENT DIT-ON *SELFIE* EN BON FRANÇAIS ?
« Égoportrait. »
Ludique, à la portée de tous à toute heure et en tous lieux de la planète, le selfie capte un instant éphémère à partager, sans conséquence autre qu'un sourire. Facebook, Instagram puis Snapchat ont compris que notre époque est celle de l'instantané ludique et partagé.
Symbole d'une société nombriliste, exhibitionniste et infantile, l'autoportrait en ligne fait clignoter l'ego, nous disent les sociologues. Des hommes et des femmes qui font des dizaines de selfies chaque jour, nous en connaissons tous. Les réseaux sociaux ont eu bon instinct : leur

Symbole d'une société nombriliste, exhibitionniste et infantile, le selfie fait clignoter l'ego.

valeur en bourse est fondée sur la solitude de nos contemporains.

Au risque de passer pour une ancêtre, j'avoue n'avoir jamais pris ni partagé un selfie. Je ne m'en vante pas, j'assume.

Affaire de génération ? Sûrement. Fuite devant ces mangeurs de temps que sont les réseaux ? Prioritairement. Déficit d'ego ? Peut-être.

Ma personnalité s'est forgée sur cette « infirmité ». Venant d'un monde communautaire à Fès, de structure féodale, celui d'avant la « société » composée d'individus, le « je » n'était pas encouragé.

Autrement dit – et vous allez devoir faire un effort pour me croire –, enfant je n'ai jamais été priée de donner mon avis sur quoi que ce soit. J'avais un certain nombre de choses à faire et, de préférence à la perfection, école en tête, point final. Les enfants étaient une sorte de caste à part, et nous n'avions qu'à obéir.

J'ai dû me rééduquer longuement pour faire émerger le « je » dans ma vie. Un « je » qui n'a de sens, pour moi, qu'au service des autres. J'aimerais que vous le perceviez ainsi.

C'est pourquoi j'utilise cette drôle d'expression : je me sens « transparente », c'est-à-dire inexistante pour le plus grand nombre, mais aimée ou appréciée de quelques-uns. Idéal. Et à mon âge ça ne changera plus beaucoup.

L'ego, je l'observe. Avec d'autant plus d'intérêt qu'il est désormais dans toutes les bouches. Jamais je n'avais entendu ce mot jusqu'aux années 1980.
Littéralement, *ego* signifie en latin « moi, je ». De nos jours il pointe, comme chacun sait, la conscience « excessive » que l'on a de soi-même. D'où l'égocentrisme, cette absence de distance souvent insupportable, toujours comique.
Comme vous, j'ai croisé nombre de personnes à l'ego débordant. Centrés sur eux-mêmes, ils ne considèrent le monde extérieur qu'en fonction de l'intérêt qu'on leur porte. Dès la première rencontre, capables de passer deux heures à parler d'eux, sans se demander si ça vous intéresse et encore moins s'enquérir de vous. Pas si rare, n'est-ce pas ?
Mais en pratique, peut-on se défaire de l'ego ? Le faut-il, même ? L'ego n'a-t-il pas son rôle pour réussir dans notre métier ou notre vie ? À juste dose, il devrait servir l'ambition qui nous est commune à tous : nous faire notre place dans ce monde.
En psychologie, il est considéré comme le fondement de la personnalité. En philosophie, comme ce que l'on croit être. La tradition bouddhiste n'en fait-elle pas la cause de toute souffrance, qui propose de le dissoudre par des pratiques avérées, dont la méditation ?

> *L'ego pointe la conscience « excessive » que l'on a de soi-même.*

Par-delà cette diversité, considérer l'ego comme un « ennemi » à vaincre ne semble pas la bonne attitude. Détruire une illusion, est-ce bien sérieux ? Ne vaut-il pas mieux la reconnaître comme telle ? Dans un tel combat, qui lutterait contre l'ego si ce n'est « moi, je » donc la source même de l'ego ? Autant essayer de terrasser son ombre. Plus on tente de l'effacer, plus on renforce sa présence. Soyons réaliste : refuser toute passion, y compris la passion de soi, serait vain. Géré avec intelligence, l'ego peut jouer un rôle utile. Vertueuse nouvelle : les dirigeants modestes obtiennent de meilleurs résultats que les trop sûrs d'eux, à l'ego protubérant. Même s'il arrive qu'un de ces derniers se fasse élire à la tête d'une grande démocratie. Plusieurs études citées dans la *Harvard Business Review* réhabilitent ceux qui sont capables de douter d'eux-mêmes, voire de l'avouer.

Ceux-là admettent la critique, apprennent de leurs erreurs et montrent plus de courage dans les situations de crise. Ils n'hésitent pas à attribuer à leurs collaborateurs une part de leurs succès, sans systématiquement se mettre eux-mêmes en valeur. On observe que leurs équipes sont aussi plus créatives et plus disposées à s'entraider en cas de besoin.

Dans les entreprises menées par un P-DG modeste, les écarts de rémunérations sont

> *Géré avec intelligence, l'ego peut jouer un rôle utile.*

moindres, les salariés partagent plus volontiers leurs informations. L'atmosphère est meilleure et les résultats à l'avenant.

Mais reste une question : comment dépister la fausse modestie ? Avec un zeste d'ego peut-être.

Se ressourcer, le dialogue corps et âme

« Fais du bien à ton corps pour que ton âme ait envie d'y rester. »

Proverbe indien

Pour me ressourcer, je crois aux vertus du quotidien, du rituel, de la proximité, de la simplicité et du plaisir. S'il manque un de ces ingrédients, ça ne fonctionne pas.
Mes pratiques addictives ? Marcher, méditer, cuisiner, me faire masser. J'accomplis chaque jour les trois premières, le massage est encore hebdomadaire, mais je n'ai pas dit mon dernier mot.
À part la marche, ça va de soi, tout se passe chez moi, luxe ultime, luxe intime.
Ces modestes disciplines ont chacune une dimension méditative et ne requièrent pas le

moindre goût pour la performance. Pas de hasard, j'en suis totalement dépourvue. Le propos est de me ressourcer, non de battre des records, encore moins de souffrir dans l'effort. Elles sont portatives, je pourrai les exercer partout, à vie, tant que mes jambes me porteront. Mais avant de les avoir adoptées, j'ai fait mon marché pendant quelques années. Après avoir essayé Pilates, yoga, gym douce, pas douce, etc., j'ai compris que me rendre à un cours était une obligation de plus dans une journée chargée, pour un bénéfice qui restait à prouver. Lequel se ressent plus qu'il ne se mesure.

Nous connaissant velléitaires, les clubs de sport proposent l'abonnement annuel. Le nombre d'inscrits en septembre ou janvier, périodes de grandes résolutions comme titrent les magazines féminins, fond comme neige au soleil après trois séances. Sauf pour ceux qui en retirent un vrai bénéfice.

J'ai toutefois découvert récemment le yoga Bikram : une heure de postures de yoga dans une pièce à quarante degrés. J'y suis à 7 h 30 et c'est à dix minutes à pied de chez moi. J'en entends parler depuis quelques années seulement et la description qu'on m'en faisait ne me tentait guère. Le jour où je l'ai essayé, j'ai compris que la chaleur, supportable voire agréable, échauffe les muscles et les rend plus dociles aux étirements.

Se ressourcer et non battre des records, encore moins souffrir dans l'effort.

Bien que j'y transpire à grosses gouttes, je ne perds pas un gramme, hélas. Il faut croire que ce n'est pas fait pour ça.

Mais cette parenthèse agréablement épuisante est hebdomadaire. La marche, elle, est quotidienne.

6 h 30 du matin, baskets aux pieds, je sors marcher une heure. Seule la neige m'arrête, ou la forte pluie. J'ai observé qu'il pleut rarement à Paris à cette heure-là et la pollution y est au plus bas. Certains s'étonnent que je sorte à la lumière des réverbères six mois par an. Je suis simplement un oiseau du petit matin, peu téméraire.

Au début, il m'a fallu lever l'appréhension de déambuler seule la nuit dans Paris. Très vite, le plaisir a dominé la crainte. J'ai découvert, outre un profond contentement, le Paris des travailleurs de l'aube : nous sommes heureux, en passant, de nous souhaiter une bonne journée. Puis je rentre méditer dix minutes, à 7 h 30. Douche, petit déjeuner et le monde m'appartient.

Je suis ressourcée pour la journée. Recentrée. Disponible. Prête à accueillir ce qui vient, contretemps, urgences, contrariétés, rencontres et bonnes nouvelles.

Ressourcée pour la journée. Recentrée. Disponible.

Mon besoin de silence et de solitude a été une prise de conscience tardive, mais essentielle.

J'ai ressenti et identifié ce manque dans ma vie professionnelle et privée. Avant d'intégrer le silence et la solitude dans mes trois pratiques quotidiennes, je les ai installés ensemble en séjournant une semaine par an, en juillet, dans une communauté laïque en Ardèche animée par Arnaud Desjardins – un maître nourri de spiritualités orientales, aujourd'hui disparu.

Une révélation. J'y ai trouvé bien plus que ce que je venais chercher : j'ai compris ma soif de spiritualité. Le silence imposé – y compris au réfectoire –, la solitude – malgré la cinquantaine de personnes présentes –, l'isolement sans portable ni ordinateur. Des livres et seulement des livres, dans une chambre monacale où rien d'essentiel ne manquait. Et du temps. Toutes ces ruptures avec mon quotidien ont opéré puissamment. J'en revenais régénérée, l'esprit clair. Au retour, j'ai essayé de retrouver au quotidien cette sensation tonique et apaisée à la fois. Ce fut le mix marche-méditation. *Comme en cuisine, on choisit une recette* en fonction de ses goûts, de son budget, du temps dont on dispose. On la suit à la lettre ou on l'aménage. Et si on l'adopte, on la transmet aux amis qui l'ont appréciée chez vous. Ce que je fais ici.

Autre découverte pour le ressourcement, le jeûne de dix ou quinze jours par an, seule, mais bien encadrée en clinique. Là, je parle très peu, je marche, je nage, je lis, je travaille, et, comme recommandé, je bois beaucoup d'eau. Triple vertu de ce jeûne hydrique : le corps s'allège, l'énergie revient, le désir d'entreprendre aussi, l'esprit s'éclaircit. Curieusement, l'appétit disparaît, le temps du jeûne seulement, je vous rassure. Aucun de mes coparticipants ne s'est plaint de la faim.

Que dit la science ? Rien que vous ne sachiez déjà, mais le faites-vous ?

L'exercice physique améliore notre humeur et nos capacités cognitives à long terme. À l'évidence, sportifs ou contemplatifs, il est bon de commencer le plus jeune possible à satisfaire ce besoin vital et salutaire. À caler dans notre agenda ces rendez-vous avec soi, pour soi, d'un même élan que pour une rencontre amoureuse. Qu'il s'agisse d'attendre la vague des heures avec sa planche de surf ou de méditer quelques minutes.

Pour retrouver calme, énergie, désir et bonne mine. Pour se faire du bien, mais aussi pour affronter et accueillir avec plus de sérénité les petites et grandes secousses de nos vies.

> *L'exercice physique améliore notre humeur et nos capacités cognitives à long terme.*

Les vacances,
un parfum d'enfance

« Être en vacances, c'est n'avoir rien à faire et toute la journée pour le faire. »

Robert Orben

Les vacances servent à me poser.
À retrouver une unité de lieu, de temps et d'action, suivant la règle stricte du théâtre classique. Quatre semaines sans faire la moindre valise. Sans le moindre rendez-vous.
À vivre, non plus au rythme du boulot, du social, mais à mon rythme biologique à moi. Sans autre obligation que celle de me faire plaisir, de faire du bien, à moi et à d'autres. Marcher, nager, dormir, manger, lire, profiter de ceux que j'aime, leur préparer de bons petits plats, rêver quand je veux. Infantiles, tous ces « moi-je » ? Pas faux.
Et si c'était ça les vacances ? Retrouver à tout âge, un mois par an, son âme d'enfant. Son

Retrouver à tout âge, un mois par an, son âme d'enfant.

temps d'enfant qui s'étire comme une belle pâte à brioche et qu'on va laisser lever pour la troisième fois avant de la cuire.

Une journée a toujours fait vingt-quatre heures et une année douze mois. Mais enfant, d'un été à l'autre, s'écoulait une éternité. Aujourd'hui, un battement de cils. Conséquence de l'âge – comme si réaliser qu'il ne me reste qu'un temps court à vivre l'accélérait davantage.

Trois ou quatre semaines donc pour bouleverser l'emploi de mon temps. Souffler, paresser, se balader, ou faire du sport, ou rien du tout. Faire « rien » requiert une forme de talent.

Longtemps, l'été fut pour moi synonyme de plage, cousins, amis, rires, soleil, et vagues de l'Atlantique. Le meilleur de ma jeunesse.

Deux mois de plage, six heures par jour à se rouler dans les vagues ou s'allonger sur une grosse bouée noire, une chambre à air de voiture – confortable mais qui sentait violemment le caoutchouc. Le tout sans écran solaire, puisqu'il n'existait pas.

Ou pire encore, enduite d'Ambre Solaire au parfum addictif, sous ce soleil marocain qui brûle plus qu'il ne caresse : friture garantie et taches solaires à vie. Pas grave. Les autres s'en préoccupent plus que moi.

Ce rythme-là est terminé depuis longtemps. L'insouciance qui l'accompagnait aussi. Ça doit être ça, devenir adulte.

Depuis trente ans, je ne passe plus l'été au bord de la mer mais dans les terres de Provence. Sublime région, chaude et sèche.
Les premières années, la plage m'a manqué. Jusqu'au jour où, devenue grand-mère, je me suis alors consacrée à fabriquer avec et pour mes petits-enfants leurs propres souvenirs d'enfance. Eux qui vivent sur deux continents sont fous de joie de se retrouver chaque été. Je les réunis tous les jours pour le déjeuner. J'ai imaginé pour eux des plats-totem – soupe Disney, poule-aux-pâtes, caviar de poulet – qu'ils réclament encore à 20 ans passés, pour mon plus grand bonheur. Comme *teaser*, j'ai déclaré les recettes secrètes, révélées à leur mariage seulement.
La chance, je vous l'ai dit, est qu'ils sont tous gourmands et habiles aux fourneaux. L'un d'entre eux, Arthur, fait ma fierté, car à 25 ans il cuisine mieux que moi.
Quant à Théo, 11 ans, il a appris en même temps à parler et à reconnaître, à la première bouchée d'un mets, les épices utilisées pour le parfumer. Craquant.
C'est en acceptant pleinement d'être à ma place que j'ai appris à aimer ma nouvelle vie estivale, la Provence, sa lumière, ses marchés, des heures en cuisine et à table. J'ai cessé de vouloir retrouver mes jeunes années, en les voyant vivre les leurs.

La transmission se fait dans les deux sens avec cette nouvelle génération. Plus libres, pleins d'humour, curieux de tout, ils m'apprennent beaucoup. Plus hésitants aussi pour certains sur leur avenir, tant les choix sont nombreux et les bons jobs rares. Pour eux, l'âge adulte est devenu une notion floue. Ils n'opposent pas la jeunesse et l'âge adulte.

Après leur départ, fin de la phase hyperactive de mes « vacances ».

Pour recouvrer mon rythme naturel sur le sillage de mon parfum d'enfance, je pars seule, à l'hôtel, au bord de l'océan.

Je m'éclipse pour retrouver le bruit des vagues, marcher, nager, regarder les surfeurs, lire des heures sans être interrompue. Faire le lézard… à l'ombre.

Quelques jours suffisent pour me recharger en énergie, corps et esprit.

Quoi de plus luxueux que du temps retrouvé ?

Quoi de plus luxueux que du temps retrouvé ? Saviez-vous que, pendant plus de six cent mille ans, il n'était pas question de rêvasser en été ? Chasser, cueillir, se reproduire : l'activité estivale était la plus intense. Pendant l'hiver, sombre et froid, on se mettait un peu en hibernation, serrés comme les animaux dans leur tanière.

Comment en sommes-nous arrivés à cette inversion qui nous fait oisifs à l'époque des moissons ? Par la scolarisation obligatoire des

enfants : ils devaient être libres l'été pour travailler dans les champs.
Le travail des enfants fut heureusement interdit, mais les rythmes scolaires et vacanciers n'ont pas bougé. Et notre nature biologique s'est lentement adaptée aux évolutions culturelles.
Pas sûr que j'aimerais prendre un mois de vacances en hiver. Ou alors, ce serait pour fuir au soleil. Ce soleil qui met du luxe dans le ciel et la joie au cœur.

Insatisfaite ?
Utile pour trouver
de nouvelles voies

« *C'est une perfection de n'aspirer point à être parfait.* »

Fénelon

J'AI CESSÉ DE VOULOIR ÊTRE PARFAITE.
Cette prescription ne m'a jamais été enseignée, bien au contraire. Elle ne s'obtient pas d'un claquement de doigts. Elle apparaît tel un rayon de soleil, dans un ciel gris.
La perfection est un mythe dangereux, parce qu'inaccessible. C'est la porte ouverte à l'insatisfaction, à la colère parfois, à la perte de confiance en soi trop souvent.
Une plaie en somme, douloureuse, mais de celles dont on peut (presque) guérir, si l'on adopte l'affirmation de Fénelon. Non pas en se faisant

La perfection est un mythe dangereux, parce qu'inaccessible.

violence, mais en acceptant la réalité – toujours elle.

Comme beaucoup d'entre vous, j'ai été élevée avec l'impératif de perfection en boucle. J'aurais dû finir par l'intégrer. Miracle, encore un, un instinct sûr m'a soufflé assez tôt de ne pas le croire possible. Se donner comme objectif la perfection est déraisonnable. Il voudrait tout englober : vie intime, vie professionnelle, vie sociale, santé... Inatteignable. Pire, il nous empêche de voir et savoir ce que nous voulons nous. D'entendre la petite voix vitale du « je », de reconnaître notre propre désir. *In fine*, de trouver notre place – ultime rempart à l'insatisfaction.

Se donner comme objectif la perfection est déraisonnable.

Dans le domaine professionnel, trouver sa place peut d'abord passer par une errance d'une discipline à une autre, pour ceux et celles qui ont la chance de faire des études universitaires. Ou d'un métier à un autre pour ceux qui ont dû commencer à travailler tôt. On en retire toujours un bénéfice, ne serait-ce que celui d'être au clair avec ce que l'on ne veut pas.

Jeune, je ne savais pas quelle orientation donner à mon existence, si ce n'est quitter le foyer familial le plus tôt possible, gagner ma vie et être toujours autonome – des convictions qui m'ont soutenue toute mon existence.

J'ai fait une bonne scolarité, sans excellence particulière, et une allergie aux mathématiques

– résultat d'une méthode traumatisante imposée par mon frère aîné, qui croyait bien faire. Quelles études ? Pour quelle profession ? Je n'en avais aucune idée. Pourtant, dans les années 1960, les choix étaient plus simples parce que plus limités. Le champ du numérique n'était pas encore né, celui de l'audiovisuel à peine balbutiant, tout comme ceux de l'industrie alimentaire, de la distribution ou du prêt-à-porter.

J'ai donc suivi les suggestions familiales : pharmacie ou professeur. « Des métiers qu'une femme peut exercer tout en étant épouse et mère. » Et puis, me disait-on, avec une pharmacie, on gagne bien sa vie. Il faut dire que le pharmacien de Fès près de chez nous, M. Bajat, était prospère. Et aux yeux de mon père, c'était décisif.

J'étais plus littéraire que scientifique. Je n'avais pas la moindre intention de me marier – au grand désespoir de mes parents. Mais va pour le stage chez M. Bajat dès le mois de juillet. Très vite, j'ai compris que je ne serais pas pharmacienne.

Enseigner, alors. Oui mais quoi ? L'anglais.

Inscrite en année de propédeutique, je démarrai agréablement le programme. Je gagnais (très peu) ma vie parallèlement comme pionne dans un lycée, deux jours par semaine. Et voilà qu'on

me demande de remplacer au pied levé une prof d'anglais malade ! Expérience salutaire. Les élèves m'ont rendu chèvre. Notamment des frères jumeaux, des vrais, que seul un épi aux cheveux distinguait. J'ai mis quelques jours à trouver cette particularité et à reprendre mon « autorité ». J'avais 18 ans, ils en avaient 14.
Prof dans le secondaire, non merci. Cap sur l'université. Mon frère aîné, toujours lui, décide de s'inscrire en fac de droit. Au bout d'un an, il me dit : « C'est formidable, tu devrais venir au cours inaugural, la rentrée est demain. » Fascinée par le professeur de droit pénal au charisme et à l'humour irrésistibles, je m'inscris en droit. Pour faire quoi plus tard ? Je l'ignore.
Fin de l'anglais que, hélas, je parle fort mal aujourd'hui. Ironie du sort, mes huit petits-enfants sont Américains. Eux sont bilingues : parlant un français impeccable grâce à la volonté de leurs parents, ils encouragent ma paresse.
Je décroche ma licence en droit, section Sciences Po, à Casablanca. Puis je débarque enfin à Paris pour poursuivre en doctorat. Et voici qu'au cours d'un dîner, le patron de la pub de *Elle* me propose d'intégrer ce magazine mythique. À la publicité, dont j'ignorais tout. Son audace a fait naître la mienne. Plein temps. Un vrai salaire. Fini les petits boulots. Fin des études.

Voilà comment, sans jamais l'avoir imaginé et encore moins désiré, j'ai passé cinquante ans dans la presse et la publicité.

Pourquoi ce long récit ? Pour vous dire que la satisfaction peut naître précisément de l'insatisfaction, voire de l'ignorance. Ma seule détermination, tout à fait claire, était d'être autonome. Pour le reste, je n'en savais rien.

La satisfaction peut naître précisément de l'insatisfaction.

Je n'ai pas eu à m'en plaindre. J'ai fait dans mon métier des rencontres qui m'ont enchantée, cultivée, transformée. J'ai vu travailler au quotidien les meilleurs photographes, les meilleures journalistes de la presse féminine à son apogée. J'ai tout appris de ces femmes. Leur « œil » était infaillible, pour reconnaître le bon sujet, la bonne image, le ou la jeune designer qui deviendrait un(e) grand(e). Le style avant tout. J'essaie de m'y tenir. Leur combat féministe fut libérateur.

Pour éviter la routine du métier de publicitaire, j'ai été condamnée à la créativité. Ainsi je me suis passionnée pour la sociologie (affiner la connaissance des comportements de nos lectrices), la sémantique (qui dévoile, contrairement aux apparences, le vrai parti pris d'un magazine et sa différence d'identité avec les concurrents). Et déjà, la création de contenus de qualité pour le compte des marques, devenue aujourd'hui la principale source de recettes des médias.

Tout cela s'est fait en tâtonnant, sans feuille de route. Sans le moindre objectif de perfection ni même de carrière. Simplement pour que mon quotidien soit plus riche, plus amusant et de ce fait mon équipe et moi plus efficaces.

Aujourd'hui, deux de mes petits-enfants en sont là – dans le brouillard de l'entrée dans la vie, à tâtons. Je sais combien c'est difficile, mais je ne peux pas choisir à leur place, malgré tout l'amour que je leur porte. Tout est si complexe et paradoxal. Il leur faudra trouver, « tomber sept fois, se relever huit ». À chacun son chemin de maturation. Je leur souhaite qu'il soit le moins long possible. Dans mon cas, le besoin urgent de gagner ma vie m'a obligée à aller vite, y compris dans mes hésitations. Mais leur vie, un demi-siècle plus tard, est forcément différente bien que leur tiraillement intérieur soit de même nature.

Alors satisfaite ? Par moments certes, mais seule une certaine dose d'insatisfaction pousse à entreprendre et à progresser.

Apprendre à se connaître prend une vie. Entre erreurs et doutes, il m'est souvent arrivé de trouver sans chercher. C'est ce qu'on appelle la sérendipité – je vous en reparlerai. Je l'ai vécue sans même en imaginer l'existence. N'ai-je pas rencontré l'homme de ma vie sans aucune préméditation ?

> *Entre erreurs et doutes, il m'est souvent arrivé de trouver sans chercher.*

Ai-je trouvé ma place pour autant ? Cette question me taraude moins souvent, mais elle est bien là. Mon pari était de la trouver dans mon couple. Après quelques années d'apprentissage, il me semble y être parvenue. Avec juste un zeste de doute pour rester vigilante et vivante. Au fond, vous dis-je, apprentie à vie – tel est mon seul métier.

Faire confiance à soi, aux autres, l'énergie précieuse

« Ce qu'on te reproche, cultive-le, c'est toi. »

Jean Cocteau

QUELLE AFFAIRE CETTE CONFIANCE EN SOI ! Indolore, sauf lorsqu'elle vient à manquer, elle est essentielle à notre épanouissement.
Ceux qui sont nés avec ne s'en rendent pas compte. Et ceux qui en manquent galèrent. Heureusement, beaucoup y parviennent, par des chemins différents.
Lorsque je dirigeais *Psychologies* avec JL, titrer sur la « confiance en soi » en couverture garantissait de bonnes ventes. J'avoue que nous en avons un peu abusé. Depuis, de nombreux magazines, pas seulement féminins, labourent le sujet.

Qu'est-ce qu'avoir confiance en soi ?

Avoir foi en ses capacités et ses talents. Connaître ses limites. Oser prendre des risques autant que demander conseil ou de l'aide si besoin. La posséder nous libère, nous aide à agir, à nous épanouir et à faire confiance aux autres.

Bien sûr, le doute subsiste. Je fais des erreurs, mais moins souvent. L'essentiel est de sortir de cet état qui paralyse trop fréquemment l'action, les sentiments et la vie. Avec le temps, j'ai appris à me lancer, tenter, faire de mon mieux. Si ça ne marche pas, j'évite de me dévaloriser, j'essaie différemment. Ainsi, pas à pas, j'ai fait preuve de confiance et d'humilité. Sans souci de reconnaissance : elle suivra ou pas.

Pourquoi travailler sa confiance ? Pour se simplifier la vie.

Pourquoi travailler sa confiance ? Pour se simplifier la vie. Pour mieux vivre en société : si on ne se fait pas confiance, dur de faire confiance aux autres.

Sans vouloir faire de la psychologie de comptoir, une enfance où parents et (ou) professeurs vous ont répété que vous n'y arriverez pas laisse des traces. Pas forcément au point de se lancer dans une thérapie – à vous de le sentir.

Les copines sont précieuses, mais leurs conseils souvent contradictoires. Elles projettent inconsciemment sur vous leurs fantasmes et leurs croyances. Cela ne fait qu'ajouter au trouble. Quand l'écoute neutre et bienveillante d'un thérapeute peut vous éclairer sur vous-même et vous sortir de l'impasse.

J'en ai fait l'expérience. Ça a marché. Mais ça n'est guère une panacée et puis la résilience, ça existe. Il suffit d'une belle rencontre pour switcher du mode « pieds en dedans » au mode « tête haute ».

Exemple de situation qui peut vous alerter sur un déficit de confiance : vous voulez changer de job pour de bonnes raisons, mais vous n'osez pas, convaincue que vous ne trouverez rien. Pour « prouver » cette croyance, vous postulez à des postes qui demandent plus d'expérience, de compétences ou de diplômes. Du coup, vous n'avez aucun retour – et c'est normal. Le manque de confiance en vous s'aggrave, mais pour une fausse raison !

Si vous constatez que ce type de scénarios se répète, mieux vaut consulter que bricoler. Vous l'aurez sûrement observé, on se découvre parfois un talent particulier pour inventer des « fausses raisons » et rester dans l'impasse.

Rien de tout ça n'est grave, parce que réversible. Mais mieux vaut en prendre conscience le plus tôt possible.

J'ai écrit *Le Bonheur de cuisiner* pour celles et ceux qui déclaraient « ne pas aimer faire la cuisine », « ne pas avoir le temps », que c'était « trop compliqué », etc. En les interrogeant, j'ai compris qu'ils n'avaient tout simplement pas confiance en eux aux fourneaux. Et qu'après un certain nombre de déconvenues, ils avaient renoncé. D'autant que l'on peut se nourrir sans rien préparer soi-même.

J'ai donc eu à cœur de leur donner confiance. En mettant dans ce livre le meilleur de moi-même, espérant transmettre la joie que ces gestes me procurent et combien ceux qui partagent ma nourriture sont heureux. Double récompense.

Cuisinant quotidiennement depuis quarante ans, avec plaisir, gourmandise et curiosité – vous le savez désormais –, j'ai appris que si les recettes ne manquent pas, les bonnes sont rares. La définition d'une bonne recette est simple : elle doit être inratable pour quiconque se lance pour la première fois. Si la personne a envie de recommencer, c'est gagné ! La recette doit donc être précise, facile à lire (pas de jargon de chef), ne pas nécessiter d'ingrédients ou d'ustensiles introuvables ou trop coûteux. Et ce doit être bon. Le goût avant tout.

Certains pièges n'ont rien à voir avec les qualités de l'apprenti cuisinier : par exemple, si la taille du moule n'est pas précisée en regard de la quantité d'ingrédients préconisée, le ratage est garanti. Fatal pour un soufflé, mais aussi pour le plus banal des cakes.

J'ai appris que le manque de confiance en soi, aux fourneaux comme dans la vie, peut être dissipé, et comblé. Avec les bons mots, les bons gestes, les bonnes pratiques, mais surtout une vraie motivation et un accompagnement bienveillant, pour donner confiance.

Peut-on avoir confiance en soi et perdre un jour cet état de grâce ? Cela arrive quelquefois, suite à un traumatisme – chômage, deuil, divorce ou violence corporelle par exemple. Si c'est douloureux, ça se soigne classiquement par une thérapie, mais aussi par des pratiques ou activités qui vous valorisent à vos propres yeux. Ainsi la danse, si danser vous plaît ou vous émeut en regardant un spectacle. Oui, n'importe quelle danse, celle qui vous conviendra. Vous parlerez à votre corps et à votre âme en direct, pas seulement à votre mental.

J'ai observé avec intérêt les effets positifs de la danse – ou du chant – sur des personnes peu sûres d'elles, car en thérapie classique, le corps s'exprime par des blocages ou douleurs, mais il n'est pas « en mouvement ». Seuls l'inconscient, la parole ou le silence sont « entendus » et interprétés par le thérapeute.

Je n'en ai pris conscience qu'à la fin de ma thérapie. Mais rien n'interdit d'associer les deux. Enfin n'oublions pas que les plus chanceux, dont vous êtes peut-être, sont des résilients.

> *J'ai appris que le manque de confiance en soi peut être dissipé, et comblé.*

La résilience traduit cette capacité que montre l'individu à surmonter, seul, les épreuves. La confiance en eux reste intacte ou presque, quelle que soit l'épreuve. Merci monsieur Cyrulnik !

L'ARGENT,
POUR NE PLUS Y PENSER

« *Seul celui qui peut se passer de la richesse est digne d'en jouir.* »

Épicure

GAGNER DE L'ARGENT POUR NE PLUS Y PENSER est un privilège qui libère au lieu d'asservir.
Gagner de l'argent pour le partager de son vivant et non le laisser en héritage est la moindre des politesses.
Née au Maroc dans une famille modeste mais cultivée, je n'ai jamais manqué de rien. Toutefois, hormis la nourriture où on ne comptait pas tant elle était bon marché, tout le reste était calculé au plus juste. Je n'ai rien d'une Cosette, mais parfois ça pesait.
Mes oncles, eux, étaient « riches ». Un autre monde à trente minutes à pied de la maison. L'un d'entre eux, propriétaire terrien, employait

Gagner de l'argent pour le partager de son vivant est la moindre des politesses.

mon père dans ses fermes comme « homme de confiance ». Les rares fois où mes parents leur rendaient visite, j'étais de la partie, fascinée et mal à l'aise à la fois. Encore enfant, j'observais et m'interrogeais sans cesse.

Ma tante portait aux pieds des mules roses en soie brodées qui me fascinaient. Mais pourquoi en pleine journée ? Et ce trousseau de clés façon Barbe-Bleue qui pesait à sa ceinture, quelles portes secrètes pouvait-il diable ouvrir ? Pourquoi ces housses en plastique transparent sur les chaises et canapés de l'immense salon, comme s'ils venaient d'être livrés ?

De retour dans notre petite maison de poupée, ma mère répondait pour moi à ces énigmes. Les meubles du salon n'étaient découverts que « pour les grandes occasions » – définition à laquelle nous ne répondions manifestement pas. Quant aux clés, elles fermaient tous les placards, tiroirs et portes de la maison. « Pour quoi faire ? – Pour éviter le vol par le personnel. – Mais pourquoi voleraient-ils ? Fatima ne vole jamais rien chez nous », etc.

Je ne me suis jamais donné comme projet de devenir riche.

Ce que j'ai entrevu du comportement des riches est peut-être la raison pour laquelle je ne me suis jamais donné comme projet de le devenir, ni même de posséder quoi que ce soit. Vivre avec cette « peur », ce soupçon permanent, non merci. Même si tous les nantis ne ressemblent pas à ma vieille tante !

Mon frère, à l'inverse, avait pour but dans la vie de devenir riche. Il y parvint. Jolie femme, jolie famille, jolie maison, joli train de vie, il dépensait et investissait sans compter. Il perdit tout. Il essaya, avec courage, de redémarrer dans un autre pays, un autre métier, et parvint à gagner honorablement sa vie. Mais pas à (re)devenir riche, son obsession. Il claqua tout. À 78 ans, il risque de se retrouver seul. Sa famille n'a pas résisté à toutes ces tempêtes. Une histoire triste. L'absence de réalisme financier est aussi dangereuse que répandue.

Ma relation à l'argent est autre, malgré notre enfance commune. Au sein d'une fratrie, chacun sait que l'on n'a ni la même enfance ni les mêmes parents.

Je ne déteste pas les petits plaisirs de la consommation. Je les trouve même plutôt joyeux. J'ai été trop privée, j'ai fait trop de petits boulots depuis mon plus jeune âge, et puis j'ai un véritable goût pour les fanfreluches. Dix-huit ans de presse féminine laissent des traces. Vêtements, spectacles, livres, bonne bouffe, cadeaux... À mes yeux, le vêtement ne relève pas de la futilité. Quant à la bonne table, c'est sacré !

En revanche, je n'ai aucun goût pour l'argent comme finalité, ni pour la propriété. Jusqu'à l'âge de 42 ans, j'étais salariée et gagnais modestement mais suffisamment ma vie. Je ne possédais ni voiture (je n'aime pas conduire) ni studio, ni aucun bien, contrairement à des amis qui avaient le même niveau de vie que moi. Je ressentais bien quelque frustration lorsqu'un petit caprice me tentait, mais ça faisait partie du jeu.

En épousant l'homme de ma vie, un journaliste qui a créé et mené ses entreprises de presse innovantes à succès, j'ai découvert un autre niveau de vie. Mais surtout un homme qui a été « surpris » par l'argent qu'il avait gagné par son travail, bien avant que je ne le rencontre. De famille bourgeoise, son père fut éditeur de presse ; il avait créé avec son oncle le premier quotidien économique en France, *Les Échos*, revendu de leur vivant. JL – le plus jeune de la fratrie – a eu en héritage le goût d'écrire, celui des magazines, de la famille, des maisons, des chiens, et par-dessus tout le goût de vivre. Du confort, mais pas de l'argent.

Jolie corbeille de naissance dont il a fait son miel. De sorte que lorsque la crise de la publicité dans les années 1990 a dégradé fortement la valeur de son entreprise, il l'a revendue pour une somme dérisoire et au bout de quelques années, nous avons lancé *Psychologies Magazine*, un pari audacieux, mais réussi. Rebondir lorsque le projet n'est pas de s'enrichir, mais de poursuivre le métier qu'on sait faire, est une dynamique de vie.

Rebondir lorsque le projet n'est pas de s'enrichir est une dynamique de vie.

Comment parler d'argent en 2017 sans évoquer cette nouvelle génération de trentenaires, hommes et femmes, qui grâce à leur audace et leur talent en gagnent parfois beaucoup, et vite ? Il faut moins de cinq ans parfois pour devenir multimillionnaire. J'en connais qui disent aussi avoir été « surpris » par le succès et l'argent qui l'accompagne. Leur but, en créant leur start-up, était d'abord de s'amuser à développer une idée. L'argent est plus légitime s'il vient de surcroît. L'impatience de la génération numérique est structurelle. L'outil les y encourage. Ils ont la grâce de ne pas cultiver le sentiment d'échec, contrairement aux baby-boomers, dont je suis. Font-ils une erreur, ils trouvent une autre idée et la testent en travaillant vite. Dans ce rythme, ils puisent leur adrénaline et épuisent leurs équipes. S'ils deviennent riches à 30 ans – ce qui est loin d'être le cas de tous –, ils ne seront pas forcément pervertis par l'argent, puisque ça n'était pas leur objectif. Ils prennent toujours le métro et un Uber les grands jours.
À l'inverse des générations précédentes qui chérissaient le secret, ils partagent volontiers leur expérience avec les nouveaux venus. Une révolution heureuse pour la septuagénaire que je suis.
Je n'appartiens pas à cette génération. Je relève, vous le savez, du temps long – celui de la presse

écrite et du téléphone fixe, unique et familial. Lorsque cet objet magique est arrivé à la maison, j'avais 15 ans. Et j'ai eu mon premier téléphone portable à 50 ans. Voir vivre ces *millennials* nés smartphone et pilule en poche me passionne. Travailler avec certaines d'entre elles me fait un bien fou et me rassure sur l'avenir de l'humanité. Revenons à l'argent. J'ai appris, dès mon plus jeune âge, à gérer la pénurie. Puis j'ai découvert le soulagement de ne plus y penser et la joie d'aider ceux, nombreux, qui en ont besoin autour de moi.

Ma vigilance à l'égard de l'attachement aux objets et aux choses reste en alerte. Je sais en jouir, mais j'ai besoin de sentir que je peux m'en passer. Ma chance ? C'est d'avoir appris à vivre avec peu dans la première moitié de ma vie.

De nombreux exemples autour de moi m'ont convaincue que naître riche n'était paradoxalement pas un cadeau, quelquefois même un handicap.

> *Ma chance ? C'est d'avoir appris à vivre de peu, dans la première moitié de ma vie.*

Le couple, s'aimer longtemps, c'est possible

« ILS se disent qu'il y a toujours mieux, ELLES se disent qu'elles sont trop bien pour eux. On préfère fuir dans la légèreté. À chercher ce que l'on ne sait pas ce que l'on cherche. Nous recherchons tous la même chose : ÊTRE amoureux. Et pourtant, nous sommes si nombreux à être seuls et à se sentir seuls. À part ceux qui sont en couple… »

Publié dans le *HuffPost*
par une trentenaire anonyme

Lorsque mon amie Marie, âgée de 36 ans – ravissante, intelligente, forte personnalité, brillante carrière – me confie à la fois sa passion pour la poésie et son désir intense de rencontrer l'homme de sa vie, je me dis que tout n'est pas perdu.

Marie vit à deux cents à l'heure, portable à la main. Mais le désir de vivre en couple longtemps, de fonder une famille avec la personne aimée, est bien là. Intense. Intact. Impatient.

La quête impatiente de la durée.

Des amoureux, Marie en a eus et pourrait en avoir encore et encore. Mais sa quête est ailleurs. Dans la durée.

Échaudée par quelques histoires qu'elle croyait durables, elle doute de sa capacité à construire des liens familiaux et s'en trouve attristée, préoccupée par le couperet du temps biologique. Certes, elle réfléchit à l'adoption, ou à tout autre moyen qu'autorise la médecine. Mais en ultime recours.

Elle a quelques rares « couples-modèles inspirants » autour d'elle, qui partagent tout depuis des dizaines d'années et s'aiment toujours. Preuves vivantes que c'est possible.

Pourquoi pas elle ? « Je leur fais peur », me dit-elle. Peut-être. Est-ce la seule raison ?

La sociologue Eva Illouz nous en donne une autre, fort convaincante.

Depuis les années 1970, nous nous sommes crus libres d'aimer à notre guise. « Pas du tout ! » dit-elle, nous décrivant comme « des amoureux errants » paradoxalement prisonniers de notre liberté : « Les émotions et le sexe sont devenus le moteur même de l'approche. Le résultat est que l'amour n'est plus un idéal mais un problème. » Cette économie d'abondance incite au *turnover*, mais cette interchangeabilité amène à penser que l'homme idéal n'existe peut-être pas. Cet objectif à atteindre ne vous fait-il pas davantage penser au management d'entreprise qu'à une relation romantique ?

Autrefois, l'entreprise se gérait comme une famille, avec affection, sentiments et autorité. On appelait ça le paternalisme, avec ses avantages et ses défauts. Aujourd'hui, le couple semble se gérer comme une start-up. On sait, ou on croit savoir, très vite si ça marche ou pas. On ne s'obstine pas, on essaie autre chose. Les talents que requiert une boîte destinée à être revendue au bout de cinq ans maximum sont-ils les mêmes que pour un amour durable ? Lequel met en jeu une relation de couple complexe, à inventer à deux puisqu'elle ne doit pas ressembler à ce que l'on a vécu auparavant ?

Marie parle aisément du profil de l'homme qui la comblerait. De son tempérament, de ce qu'il pourrait lui apporter, de « cette épaule sur laquelle elle pourrait se reposer », des enfants qu'ils auraient, etc. Une attente bien argumentée et qui la fait aussi rêver.

Mais *quid* de ce qu'elle aimerait lui donner, elle ? De sa contribution à nourrir la relation ? S'il va

> *Aujourd'hui, le couple semble se gérer comme une start-up. On ne s'obstine pas, on essaie autre chose.*

de soi qu'elle ne manque ni de générosité ni de sensibilité, que sait-elle, que sent-elle de sa capacité à aimer, renoncer, observer, s'ajuster, se dépasser, accepter, s'adapter ?

Côté start-up, mes compétences sont nulles. En amour, j'ai compris quelques trucs, dont celui-ci : tout est dans l'« esprit », rien dans le « sujet aimé ».

Je m'explique. Notre erreur à tous est de passer la personne que l'on voudrait aimer au crible de notre désir à nous, avant d'avoir fait l'effort de comprendre qui est vraiment cet autre. Souvent nous voudrions mettre dans la personne aimée ce qui n'existe en réalité que dans la personne qui aime.

Nous commettons tous cet impair, inconsciemment et fréquemment. Tout dépend ensuite du temps que l'on met à comprendre que l'autre n'est pas soi. Que le connaître et s'y adapter tout en l'aimant ne se fait pas en un jour.

Catherine Deneuve, à qui une journaliste demandait « Quel serait votre plus grand regret au jour dernier ? », répondit : « Sans doute de n'avoir pas réussi à vivre suffisamment longtemps avec une même personne, ne serait-ce que pour apprendre à la connaître vraiment. Je regrette d'avoir souvent rompu à un moment de crise, sans imaginer qu'on puisse la dépasser. »

Nous voudrions mettre dans la personne aimée ce qui n'existe en réalité que dans la personne qui aime.

Tout est dit : du temps, de la patience, de l'humilité et beaucoup d'amour.

La génération Deneuve, les baby-boomers, fut la première à choisir sa vie. Un progrès enivrant qui portait déjà un dilemme cornélien : ma liberté, ou le bonheur à deux, pour longtemps ? Le malentendu est là : une belle relation conjugale désirée par les deux personnes n'est en rien une privation de liberté, mais sa découverte.

Au cœur de cette révolution des mentalités et des comportements, de nouvelles relations hommes-femmes doivent s'inventer.

Comment faire pour concilier ce pouvoir fraîchement acquis par les femmes, et le désir toujours bien présent de vivre en amour la plus folle des aventures, la vie à deux ?

Je me garderai de prétendre avoir la recette infaillible, je me contenterai de témoigner que c'est possible. En espérant que le vécu que je relate puisse aider les nombreuses jeunes femmes qui se sont ouvertes à moi de leurs déconvenues amoureuses à mieux trouver ce qui ne conviendra qu'à elles.

La rencontre

« Il ne faut pas "vouloir" les choses,
il faut les laisser s'accomplir en soi. »

Etty Hillesum

Depuis que j'ai rencontré l'homme de ma vie il y a trente ans, sans le chercher, sans le rêver, j'ai compris dans ma chair ce qu'Etty Hillesum a écrit à 29 ans, à Auschwitz d'où elle n'est jamais revenue.
J'en ai fait ma règle de vie.
Cette vérité lumineuse était et demeure à l'opposé de notre éducation, fondée sur la volonté et l'acharnement qu'elle implique.
Je lui préfère ce qu'on nomme aujourd'hui sérendipité : « la découverte heureuse d'une chose totalement inattendue et d'importance capitale, souvent alors qu'on cherchait autre chose ».

Trouver sans chercher. Trouver sans chercher ; une sorte d'idéal qui suppose quelques dispositions pour le lâcher-prise et la patience confiante.

Pour ma génération, rencontrer, tomber amoureux, se marier (ou pas) et faire des enfants n'était pas un « problème », pour reprendre l'expression de la sociologue Eva Illouz. La sexualité en était un, de taille puisque la pilule n'existait pas encore. Les avortements étaient nombreux, culpabilisants et dangereux, quand on manquait de moyens.
Lorsque j'avais 15 ans, mon amoureux idéal, on disait « mon flirt », devait impérativement avoir les yeux verts, une Vespa et danser le rock comme Elvis, la coiffure en moins. Dans les années 1960, un garçon, ça servait à danser et à vous faire battre le cœur. « Beau, beau... beau et con à la fois », aurait dit Brel.
Entre avoir 15 ans au début des *sixties* et en 2017, un monde ! D'un côté une gamine en chaussettes et ballerines, de l'autre une jeune femme en stilettos, qui sort en boîte de nuit, pilule en poche, avec la bénédiction de ses parents.
Le maquillage – qui va désormais de soi, maîtrisé dès le plus jeune âge grâce aux tutoriels – était alors un signe d'émancipation. L'audace absolue ? Poser un trait d'eye-liner ou de khôl sur la paupière supérieure pour approfondir le regard. Dois-je préciser que toute trace devait disparaître avant de rentrer à la maison ?

Mes « beaux » à moi s'avéraient tellement nuls en dehors d'une piste de danse que l'amourette durait le temps de quelques boums, sur les rythmes des 45 tours de Bill Haley, Elvis Presley ou les Platters. Le moment le plus intense de l'après-midi venait avec *Only You*, lumières éteintes et *cheek to cheek*.

Notre paradis du jeudi était un garage éclairé d'une seule ampoule pendant du plafond, où nous dansions clandestinement. Une saveur à la mesure de la peur.

Un garçon était préposé à l'interrupteur et à l'électrophone Teppaz. Ancêtre du DJ, il éteignait pour les slows et rallumait pour les rocks. Rôle ingrat qui le mobilisait sans trêve, lui interdisant toute drague.

Quant à moi, de retour à la maison vers 18 heures, cramoisie de chaleur, d'anxiété et de bonheur, j'étais éternellement trahie par l'odeur de la cigarette dans mes cheveux, crêpés en choucroute sur la tête. Le légendaire twin-set en angora porté sur une jupe en vichy façon lampadaire, sans lesquels toute intégration sociale était impossible, n'était pas moins imprégné de tabac.

On ne le sait que trop : jeunesse se passe. Ce qu'elle fit, me permettant de comprendre que ma liste de courses pour trouver l'homme idéal n'allait pas marcher. Elle favorise l'élimination plus que la rencontre.

L'attitude mentale la plus juste pour un projet amoureux durable est de ne poser aucun préalable dans sa tête. Se rendre réellement disponible et libre pour accueillir, sans l'attendre, un être peut-être radicalement différent des précédents, m'a paru une attitude plus prometteuse, non dépourvue d'un parfum d'aventure.

Ne poser aucun préalable dans sa tête.

Deux brèves histoires significatives :
Dans les colonnes d'un grand magazine, un critique gastronomique est revenu sur sa première altercation avec une journaliste aux idées affirmées : « On s'est connus à *Marianne*, elle était responsable des pages éducation. Le premier contact a été mauvais. Elle se disait jacobine, moi régionaliste. Elle m'a dit : "Le peuple basque n'existe pas." Je me suis dit : "Mais c'est qui cette connasse ?" » Ils se marièrent, et vivent toujours heureux avec beaucoup d'enfants.

J'étais à *Marie Claire* depuis seize ans. Avec deux collègues du journal, nous avions concocté un projet de magazine qui nous trottait dans la tête. Maquette en main, j'ai entrepris de trouver un éditeur, en toute discrétion. Une amie me conseille d'aller voir son cousin Jean-Louis Servan-Schreiber, patron *successfull* de presse économique. Mon projet, intitulé *CHIC*, se situait aux antipodes : style, mode, *lifestyle* et international. JLSS me reçoit et m'écoute attentivement présenter mon magazine « exotique ». Six mois après, nous nous sommes mariés.

Expert avisé et narquois, il a conclu très vite que « m'épouser lui reviendrait moins cher que de me financer ». *CHIC* est resté dans les cartons. JL n'existait même pas dans mon imaginaire. En entrant dans son bureau zen de l'avenue de Wagram, je ne voyais en lui que l'éditeur qui pourrait financer mon projet. J'avais un homme dans ma vie et pas de disponibilité consciente à une rencontre amoureuse.

J'avais 42 ans, lui 49. Nous ne venions pas du même monde : famille bourgeoise laïque pour lui mais éducation chez les jésuites ; famille marocaine juive pratiquante pour moi, école de filles de l'Alliance israélite universelle. Divorcé, il avait été heureux en mariage pendant vingt-cinq ans. Moi, je n'avais jamais été mariée. Il était père de quatre enfants. J'avais choisi de ne pas en avoir. Il ne pouvait pas vivre sans chien, j'en avais peur. Etc. Toutes les rencontres ne sont-elles pas à la fois banales et miraculeuses ?

L'amour naissant est, par essence, un événement imprévisible, une « révolution à deux », écrivait le sociologue italien Francesco Alberoni, dans *Le choc amoureux*.

On ne le trouve que si on ne le cherche pas. Sérendipité, vous dis-je.

Alors, prête pour une vraie rencontre ? Sans la chercher mais en étant disponible pour l'accueillir ? Pour faire du couple LE projet de votre vie ? Alors lâchez-vous, donnez tout, vous recevrez beaucoup.

Contre-intuitif, peut-être, mais palpitant, ou alors les sites de rencontre peuvent marcher aussi.

Lâchez-vous, donnez tout, vous recevrez beaucoup.

Le premier texto

CONNAISSEZ-VOUS SENSATION PLUS INTENSE que celle de faire une rencontre ? Tout le corps vibre et l'imagination se met à pédaler à la vitesse de la lumière. À peine les talons tournés, vous ne cessez d'y penser. Dans le métro, au boulot, sous la douche. Bref, vous êtes a-mou-reu-se. Il vous fait battre le cœur, monter le rose aux joues – et puis ce besoin irrépressible d'en parler à vos copines, jusqu'à les lasser parfois. L'endorphine – hormone du bonheur – coule à flots.

Vous ne cessez d'y penser.

Vous guettez son premier texto. Il arrive. Il propose de vous revoir. Vous êtes émue, soulagée, mais vous hésitez à y répondre.

Au nom de quoi ? Le tester ? Vous tester ? Laisser passer deux jours ? Huit jours ? Faut-il un délai de convenance ?

J'ai cru que ces petites stratégies étaient dépassées depuis les années 1970. À mon époque, avant les textos, on disait : « Jamais le premier soir. » Serait-ce donc vrai aujourd'hui encore ? Reste-t-il des conventions ?

Il vous plaît, vous avez senti que vous ne lui êtes pas indifférente. Vous l'avez à peine vu à cette soirée. Vous avez envie de mieux le connaître. Raison de plus pour le revoir au plus tôt. Vous serez fixée.

Donc oui, répondez à ce texto et proposez une date.

Et si ce sentiment se confirme, un conseil à l'ancienne : pour lui dire votre amour, une lettre, pas un texto. J'ai lu quelque part que le texto était l'« amour *low cost* ». Bien vu.

Pour lui dire votre amour, une lettre, pas un texto.

Je ne connais que deux manières de parler d'amour : le chuchotement à l'oreille ou la lettre, sur un joli papier et avec un vrai stylo à encre. Comme les lettres se font rares, l'impact est garanti. Au service d'un beau sentiment, il importe de choisir de beaux outils, et de trouver les mots justes.

Alors, je le répète, lâchez-vous, donnez tout. Comme à un bébé qui vient de naître, à qui vous donnez sans réserve, et qui vous le rendra peut-être un jour au centuple.

Essayez, vous verrez comme Juliette avait raison de dire à Roméo :

« Plus je te donne, plus il me reste. »

En faire LE projet de votre vie

« Il faut se tenir au difficile, tout ce qui vit s'y tient. »

Rainer Maria Rilke

Rien ne peut illustrer davantage cette injonction de Rilke dans ses *Lettres à un jeune poète* que l'aventure humaine du couple.
Pour la vivre pleinement, deux petites choses que la vie m'a apprises :

Apprendre à aimer l'autre être tel qu'il est.

— Apprendre à aimer l'autre être **tel qu'il est.** Ce qui veut dire se mettre bien d'accord sur la définition du mot « je t'aime ».
Je t'aime toi, tel que tu es, avec tes qualités, tes défauts, toi que je crois connaître et qui resteras toujours une énigme.
— **Être deux à le vouloir ainsi**, pour faire de ce projet LE projet de votre vie. Non pas à l'exclusion de tout autre, mais ayant priorité sur tout autre. Oui l'expérience est exigeante, difficile, et souvent ne dure pas autant qu'on l'espérait.

Mais elle doit avoir ses bons moments, puisque presque tous nous la recherchons.

Désirer vivre longtemps en couple, en famille et en amour mérite de s'y engager pleinement. Et si elle semble aussi délicate, c'est aussi parce qu'aimer rend vulnérable.

Voilà donc le premier paradoxe de cette vie à deux : elle me renforce et me fragilise à la fois. Oui, je sais, ce projet aura un impact sur votre vie professionnelle. Avoir un job épanouissant est prioritaire et non négociable. Vous avez mille fois raison. Mais il importe que très vite, la hiérarchie soit claire dans votre esprit. Carrière OU vie privée ? Laisser sa réponse intérieure dans le flou mène aux déconvenues.

Carrière OU vie privée ?

Pour la génération du « tout, tout de suite », choisir paraît hors de propos. Le numérique, qui permet l'imbrication des tâches, entraîne la fusion de ces deux territoires, pro et perso. Mais même ainsi, l'emploi du temps, au sens premier, ne peut s'accomplir qu'en privilégiant l'un ou l'autre, selon les moments.

À la trentaine, c'est l'embouteillage – carrière, couple, il y a trop à faire pour réfléchir posément aux priorités. Puis un jour, on se réveille. L'horloge biologique est implacable : 40 ans, cela reste bien jeune pour la société, mais plus vraiment si on veut avoir des enfants et fonder une famille. Souvent, passé la trentaine, l'impatience s'installe, quand ce n'est pas la panique. Avec à la clé humeur en berne et surinvestissement dans le boulot. Plutôt anxiogène.

Il est tout à fait respectable de mettre toute son énergie à réussir professionnellement et à en faire sa priorité entre 30 et 40 ans. Dès lors que ce choix est clairement assumé, pas de raison de se culpabiliser. Mais il est rare que l'on soit aussi au clair avec soi-même.

Reste que l'époque a changé. Beaucoup de jeunes dans la vingtaine savent aujourd'hui qu'ils ne veulent pas vivre comme leurs parents, qui les ont à peine vus grandir et les ont nourris de surgelés.

Est-ce mes origines orientales, ou simplement mon tempérament ? Je n'ai jamais eu de doute sur le fait que ma vie privée était prioritaire.

Certes, j'ai choisi de ne pas avoir d'enfant, ce qui esquive la pression de l'âge. Et je n'ai pas non plus fait de « carrière », au sens où l'entendaient les baby-boomers dont je suis. Malgré tout, j'ai pu développer de beaux magazines, innover dans mon métier, rencontrer des gens formidables. Et je me suis beaucoup amusée.

Jusqu'à ce que je rencontre JL – après vingt ans de vie active –, je n'ai jamais rapporté un dossier à la maison, où je n'avais d'ailleurs pas de bureau ni d'ordinateur. Il est vrai que personne n'était encore esclave de ces petites machines dans les années 1980. Je n'étais pas présidente de quoi que ce soit, n'avais pas l'envie de créer mon entreprise. Salariée et contente de l'être.

Jusqu'au jour où JL et moi avons eu le désir de vivre et de travailler ensemble, jumelant ainsi vie privée et vie professionnelle. Et si nous n'avons jamais regretté ce choix, j'ai vécu trente ans avec deux bureaux, au journal et à la maison. Mais heureusement un seul ordinateur, portatif.

Voilà comment j'ai découvert que je pouvais travailler tout le temps, week-ends et vacances compris, sans même m'en rendre compte. Comme je m'interrompais quand je voulais, je trouvais ça normal ; question d'organisation, n'est-ce pas ?

Depuis que je n'ai plus qu'un seul bureau, à la maison, contigu à ma cuisine – ce lieu de ressourcement quotidien –, la vie se simplifie enfin avec l'âge.

Autre évidence, accepter que l'amour est vivant, et donc se métamorphose avec les années – en s'approfondissant, dans le meilleur des cas. Mais oui, ça peut être de mieux en mieux. Parole de Perla !

Accepter que l'amour se métamorphose avec les années.

Accepter. De même que l'intensité n'a de sens qu'en alternance avec des moments plus paisibles. Nul besoin d'être sur les cimes en permanence. Une balade en plaine a ses charmes après la jouissance des sommets.

Bientôt cette succession de dos-d'âne émotionnels sera la seule chose qui nous différenciera des robots !

Accepter aussi une part de leurre, consubstantielle à tout sentiment amoureux. On l'a dit, nous commençons toujours à projeter sur l'autre nos attentes, nos fantasmes, notre imaginaire. Lui n'y est pour rien.

Puis peu à peu, apprenant à se connaître l'un l'autre, on finit par mieux se connaître soi. Une vie entière est nécessaire pour parcourir ce chemin. Mais ce n'est pas parce qu'il y a du leurre en amour qu'il n'y a pas d'amour.

Aimer longtemps est un travail.

Aimer longtemps est un travail. Il suppose de ne pas remettre en cause notre couple à la moindre divergence de point de vue, de goût ou de péripétie affective. Lâcher au premier agacement, ou même au dixième, serait fâcheux. Nous connaissons tous des proches qui l'ont regretté.

Enfin, comme pour un projet professionnel que l'on souhaite réussir, à nous de mobiliser chaque jour conscience, créativité, endurance, intelligence, disponibilité, humour, bienveillance. En amour, l'**inconditionnel** est la règle.

Pour l'Orientale que je suis, en amour comme en cuisine, il n'y a que le trop qui soit assez.

L'AUTRE + SOI = LE COUPLE.
1+1 = 3

« Ceux qui prétendent que l'amour ne saurait résister à l'habitude en ont une conception bien basse. »

Marc Bernard

BIZARRE ? PAS TANT QUE ÇA. Et croyez-moi, c'est une bonne nouvelle.
Toujours pour la même raison paradoxale : vouloir vivre à deux dans le même bocal, longtemps, alors que nous sommes différents, est un pari fou, piégé. C'est pourtant le seul, à mes yeux, qui vaille d'être tenté et gagné.
Beaucoup font le choix de vivre dans deux bocaux, côte à côte mais séparés, et en sont satisfaits. Pour vous donner des chances de vivre en « bocal unique », musclez votre mental et ne doutez pas de la victoire. Tous les grands sportifs savent ça. Si vous vous lancez dans l'aventure en vous disant : « Allez, j'essaie et je peux toujours m'en aller », vous avez déjà à moitié renoncé.

Je repense toutefois à une amie âgée d'une trentaine d'années, qui collectionnait les conquêtes dont elle était rarement amoureuse : « Je vais me marier, me dit-elle un jour, avec Gaspard. » Surprise, je lui demande ce qui lui a fait franchir le pas : « J'ai l'impression qu'il sera un bon père, et qu'il le restera après le divorce. » Ils ont trois enfants et vivent ensemble depuis vingt-cinq ans. Une preuve de plus qu'en amour, plus encore qu'ailleurs, il n'est d'expérience ni de règle absolues.

Pour déjouer les pièges quotidiens – différences de goûts, de rythme, d'histoire, de culture parfois –, il importe que chacun s'entraîne à *s'adapter*. Le verbe magique, clé d'une vie réussie. Ajustements et renoncements : les vivre dans l'acceptation ou sous la contrainte change tout. Au nom du couple, cet apprentissage de la vie en 3D – l'autre, soi, nous – est un travail quotidien. Possible, et gratifiant. À condition de ne pas laisser son petit moi se froisser des comportements de l'autre. Être deux fait exister plus grand que soi. Le couple prend alors tout son sens.

L'autre ?

Je constate que tout individu a un mode d'emploi, sauf qu'il n'est pas livré avec. À nous de le découvrir.

S'adapter à un être choisi et aimé s'apprend et ne s'enseigne pas. Comme pour un puzzle,

Être deux fait exister plus grand que soi.

on repère parfois un espace, la bonne pièce en mains mais pas dans le bon sens. Un simple quart de tour et tout s'aligne.
Soi ?
Comment ne pas se perdre en route ? Comment rester ce que l'on est ?
Les premières années, j'ai eu du mal à concilier la nouvelle vie à deux et la mienne, celle « d'avant ». Je ne voyais quasiment plus ma famille ni mes amies. Erreur cardinale dont j'avais conscience. Mais mon énergie et mon temps étaient mobilisés par cet amour neuf et la vie avec un homme pour qui il était naturel de tout partager : entreprise, famille, rythmes de vie.
Ni tout à fait la même, ni tout à fait une autre, j'ai vacillé après ce saut dans le vide tout en me découvrant des capacités d'adaptation que je ne connaissais pas. Révélation stimulante, surtout lorsque l'autre vit la même surprise en parallèle. La principale difficulté pour moi fut de réaliser que je n'épousais pas un individu, mais tout son environnement, une tribu, presque une culture. Cent fois dans les quatre premières années, j'ai eu envie de partir. Je ne l'ai pas fait car le lien amoureux, réciproque, était puissant. Le désir partagé de construire notre vie commune a été plus fort que les pesanteurs de l'entourage.
Et puis j'ai accepté qu'il faille du temps pour connaître tout ce petit monde. Et réciproquement,

qu'ils sentent un peu mieux cette étrange personne qui débarquait dans leur clan, à une place centrale.

Pourtant, le clan, je connaissais. Ma famille Danan, véritable tribu tant par le nombre que par la culture, très respectée au Maroc depuis le XIVe siècle, nous avait inculqué la discrétion, le souci de l'autre, l'excellence à l'école et les rituels religieux.

Les Servan-Schreiber ont été élevés dans la laïcité avec pour mission d'être visibles, de marquer leur époque à travers des succès professionnels tournés vers l'avenir. Une autre planète.

Si notre couple a tenu et même progressé depuis trente ans, c'est que nous avons appris à transformer nos différences en complémentarités. Et à en rire souvent. Elles nourrissent le dialogue, la curiosité, la tolérance et nous invitent à mettre note ego en sourdine.

Saint-Exupéry avait raison : « Si tu diffères de moi, mon frère, loin de me léser, tu m'enrichis. »

Nos ressemblances sont nombreuses, probablement davantage que nos différences.

Nos ressemblances sont nombreuses, probablement davantage que nos différences. Ce doit être pour ça que nous pouvons vivre une intimité qui pèserait à tant d'autres.

Le couple, justement ?

C'est le troisième personnage qui prend forme lorsque la rencontre se consolide en relation heureuse.

Le couple est une entité sans visage mais non sans âme. Avec le temps, il devient le bien commun à jardiner constamment à deux. Chacun à sa manière, sans perdre sa personnalité.
J'en avais l'intuition, mais je n'en mesurais pas la difficulté. Comment aurais-je pu le faire ? Une première fois, on découvre, on apprend, on s'interroge, on vit de beaux moments, avant qu'ils deviennent exaltants.
À dire vrai, c'est lui qui m'a « reconnue ». Très vite, la réciproque s'est imposée.
Baignée de son charme et de cette confiance, j'ai dit OUI à cet homme, pour la vie, trois semaines après notre rencontre.
Être heureuse ne résout pas tout.
Je ne saurais vous dire combien il importe de se donner du temps. Beaucoup de temps. J'observe, comme vous, trop de ruptures précipitées puis regrettées. L'amour, le vrai, a ceci de singulier : il grandit avec le temps. Alors même que c'est le contraire qui nous est répété : les débuts seraient intenses, puis tout s'affadirait.
Il s'agit de bâtir ensemble un couple, non de marquer des points dans un combat façon mangouste et cobra.
Avec beaucoup d'amour et un peu de persévérance, le couple peut devenir un jeu. Un jeu infini et sans vainqueur, le but n'étant pas de gagner, mais de continuer à jouer.

On rêverait que ça dure toute la vie. Un des avantages de vieillir à deux est qu'on peut commencer à croire que ça ne sera pas impossible.

La routine tue l'amour,
le rituel le cultive

Vous venez de rencontrer l'amour. Quelle chance !
Et vous voilà deux à avoir envie que ça dure.
Mais on nous dit que la durée génère la routine et que celle-ci tue l'amour.
Pas faux, alors comment s'y prendre ?
À chacun ses trouvailles. Nous tentons simplement de transformer chaque routine en rituel. Ça ne marche pas toujours, mais ça vaut la peine d'essayer.
La différence entre les deux ?
La routine est seulement répétitive et donc ennuyeuse. Elle ne génère plus d'émotions dans la relation. Ériger une activité récurrente en rituel consiste à « regarder l'ordinaire avec un regard pas ordinaire », disait le moine Dōgen au XIIe siècle, à propos du cuisinier zen. Ce dernier ayant la haute responsabilité de nourrir les moines, il devait lui-même être éveillé. Là réside la différence entre faire à manger de

façon routinière voire contraignante, et penser la nourriture avant de la faire pour préserver sa dimension sacrée.

Toute action commune peut avoir quelque chose de sacré.
Au sein d'un couple amoureux, toute action commune, fût-elle répétitive, peut avoir quelque chose de sacré, puisqu'elle peut contribuer au désir et au plaisir, qui devraient rester la base du couple : faire l'amour, préparer et partager les repas, échanger avec l'autre, sur de petits et de grands sujets, etc. Dans la journée, on s'y prépare, on y met du cœur, de la jugeote, de la vigilance.

Chez nous, qui ne déjeunons pas, le petit déjeuner et le menu du soir sont l'objet d'une attention particulière. Chaque matin, en fonction des envies et des suggestions de JL ou des miennes, nous prenons plaisir à concocter le dîner. Du coup, cette routine vécue comme une corvée par beaucoup – « qu'est-ce qu'on mange ce soir ? » –, généralement vers 20 heures et le frigo quasi vide, devient chez nous un échange, une construction, une petite fête.

Autre rituel au petit déjeuner, JL est abonné au *New Yorker* depuis toujours. Sa priorité va aux fameux cartoons de ce magazine unique et exigeant. Il en découpe régulièrement les meilleurs et me les passe pendant que je déguste mon thé. Pourquoi perdre une occasion de démarrer la journée avec le sourire ? Encore faut-il prendre la peine de les sélectionner et de me traduire ceux que je ne comprends pas. Car, contrairement à lui, je ne suis pas bilingue.

Je reste convaincue que c'est l'art du quotidien qui forge un amour dans la durée. En s'appliquant à chérir l'ordinaire, au point qu'il puisse parfois prendre des airs d'extraordinaire.

Dans notre vie, chaque jour est une brique et les briques ne se ressemblent pas. Un jour, plus un jour, plus un autre, ça fait une maison. Une vie. Et un jour, nous réalisons que voilà déjà trente ans que dure ce chantier. Tout va trop vite ! Comme le jour où j'ai participé à une marche sur le feu. Un exercice de développement personnel, de dépassement de soi, pratiqué à plusieurs, sous l'œil d'un animateur formé à cet effet, je vous rassure. Moi qui ne suis guère téméraire, je n'ai même pas envisagé l'hypothèse que je pourrais me brûler. Confiante et en joie, j'ai traversé tranquillement ces cendres et braises rougeoyantes, une dizaine de pas environ, en ayant l'impression de planer ; et n'ai eu qu'une envie, recommencer.

Penser ensemble que l'amour est aussi un feu à entretenir nous oblige à ne jamais oublier de l'alimenter.

Un jour, plus un jour, plus un autre, ça fait une vie.

SE QUITTER,
UNE VIE, PLUSIEURS VIES

« Ce que l'on conçoit bien s'énonce clairement et les mots pour le dire arrivent aisément. »

Boileau

QUITTER SANS REGRET, je ne sais pas. Mais sans ambiguïté, ça aide.

Dire à quelqu'un qu'on a aimé « c'est fini » n'est pas simple. Surtout lorsqu'il n'a rien vu venir. Et puis, les choses sont rarement toutes blanches ou toutes noires. Ne sommes-nous pas complexes, tiraillés et pas toujours au clair avec l'idée de retrouver la solitude ?

On met de côté le cas où l'un ou l'autre veut partir pour vivre une nouvelle histoire. Plus difficile à annoncer, mais plus simple à vivre pour celui qui démarre un nouvel amour.

Autre hypothèse, la raison est claire : vous ne l'aimez plus. Pas agréable à dire ni à entendre.

Sommes-nous toujours au clair avec l'idée de retrouver la solitude ?

Mieux vaut ne pas essayer de le cacher, sous couvert de ne pas le faire souffrir davantage. Mauvaise stratégie. Cafouillage assuré.
Êtes-vous certaine de ne plus l'aimer ? Restent tous les autres cas, lassitude, incompatibilité, etc. On veut être sûre de nous-même. Est-ce que j'ai tout essayé ? Vais-je me sentir coupable ?
Vivre à nouveau seule n'est pas une perspective agréable, mais est-ce une raison pour continuer à vivre quelque chose d'insatisfaisant ?
Tout cela est légitime, mais la seule vraie question à se poser pour éviter de ruminer des regrets est celle-ci : quelles sont les raisons pour lesquelles je veux le quitter ?
Reste à trouver les mots, et le moins mauvais moment, pour l'annoncer.
Mais par pitié pas par texto. Pour respecter cette personne que vous avez aimée. Ayez le courage et la bienveillance de le faire face à face, dignement, en adulte.
Comme vous, j'en suis passée par là. Bien que la situation soit banale, le jour où ça vous arrive à vous, ça secoue.
Un truc pour être clair dans sa tête : prenez votre ordinateur ou mieux une feuille et un stylo et écrivez une lettre de rupture, je dis bien une lettre, pas un texto.
Le texto est magique, pratique pour transmettre une image, donner un rendez-vous, informer

Pour quelle(s) raison(s) veux-je le quitter ?

brièvement, répondre dans l'urgence, mais il n'est guère adapté à ce type de circonstance qui demande réflexion et dont la charge émotionnelle est intense.
Posez-vous donc et écrivez, dans le désordre, toutes les raisons pour lesquelles vous souhaitez annoncer la rupture – le style, ce sera pour plus tard. Il n'est pas rare que vous soyez vous-même surprise par ce qui vous vient à l'esprit en écrivant.
Puis « dormez dessus » et relisez cette prose le lendemain. Les ratures sont nombreuses, le ton différent. On ressent un calme intérieur, un apaisement. Tout est plus clair.
Déchirez alors cette lettre, ou rangez-la dans votre tiroir à secrets, puis demandez à le voir, par texto si vous voulez, de préférence dans un lieu inhabituel. Les mots pour lui annoncer la nouvelle viendront dans le bon ordre, sans agressivité, mais non sans chagrin.
La suite ? À vous de l'improviser.

PS : ce petit scénario n'a de sens que pour un couple récent et sans enfants.

La nouvelle place du travail, l'ère de l'intégration

« Choisissez un travail que vous aimez et vous n'aurez pas à travailler un seul jour de votre vie. »

Confucius

CONFUCIUS AURAIT-IL PENSÉ (aussi) l'intégration travail-vie privée, toujours dans l'idée d'éviter la souffrance et d'en faire un plaisir ? Cela y ressemble.

Comme tous les enfants, j'ai eu droit à la question : « Tu veux *être* quoi plus tard ? » Jusqu'à l'âge de 12-13 ans, je répondais sans hésiter « danseuse étoile ». L'innocence est une grâce, éphémère. Puis, ma réponse est devenue invariablement : « une femme indépendante et sans enfant ». Je m'en suis tenue là.

J'ai donc toujours travaillé et continuerai – quelle que soit l'activité –, jusqu'à ce que mes forces me lâchent. C'est mon conseil à toutes celles qui viennent partager avec moi leurs doutes d'avenir. Reste qu'il est plus difficile, y compris pour de jeunes diplômés, de trouver du travail aujourd'hui que dans les années 1960 ou 1970. Pour autant, j'ai veillé avec la même détermination à la préservation de ma vie privée. Le travail est essentiel à ma vie, mais à sa place.

J'ai toujours fait mon métier avec le plus de créativité et de joie possible, mais n'ai jamais nourri le projet de « faire carrière ». Ma vie s'en est trouvée simplifiée. Il m'est arrivé de dire non à des opportunités « intéressantes ». C'est ainsi, du moins, qu'on me les présentait. Et moi j'entendais : plus de pouvoir et plus d'argent = moins de temps.

> *Je n'ai jamais nourri le projet de « faire carrière ».*

Alors, comment concilier intimité et travail ? Quand on a un métier, surtout s'il nous plaît, il est facile de se laisser avaler par la pieuvre – mails, réseaux sociaux, réunions. Les femmes, les jeunes mères surtout, voient depuis cinquante ans leur vie intime menacée par leur double activité à la maison et au travail ; même si les hommes y participent davantage. Burn-out et divorces se multiplient. Mais comme disait Françoise Giroud : « Plus jamais les femmes ne rentreront dans leur niche. »

Preuve qu'elle a eu raison, la France reste, depuis des années, le pays d'Europe où les femmes sont les plus nombreuses à travailler et font le plus d'enfants. Une sorte d'énigme heureuse. Et le nombre de crèches, supérieur à celui de l'Allemagne, n'explique pas tout. D'autant que la moitié des enfants âgés de 0 à 3 ans sont pris en charge par un mode « informel », autrement dit la « débrouille » – parents, grands-parents, famille ou amis.

Le télétravail peut aider, le temps que les enfants deviennent autonomes. Il permet aux mamans, et à quelques pères, de s'en occuper, de les voir grandir, il dispense des trajets longs et pénibles, mais il reste rare, bien qu'en progression, et peut isoler. Vivre et travailler en un même lieu n'est pas idéal. J'en fais l'expérience depuis peu… Il est bon de sortir de chez soi. Ce déficit de lien social réel a bien d'autres inconvénients.

Que faire ? Avec nos modes de vie nomades, connectés, est-il encore possible de *séparer* vie professionnelle et vie privée ? Est-ce même souhaitable ? À cela, il ne peut y avoir que des réponses individuelles, dans un cadre législatif qui doit encore évoluer pour accompagner l'évolution des comportements.

Pour ma part, j'ai opté depuis trente ans pour ce que j'appellerais l'« intégration totale » : je vis et travaille avec le même homme. Je comprends

Le choix de l'« intégration totale ».

que cela puisse faire frémir beaucoup d'entre vous et ceci n'est en rien une recommandation, simplement le récit d'une expérience heureuse. Ce qui lui est naturel est de m'associer à tout. Un tempérament. Faire l'expérience d'un couple qui partage sur tous les plans, s'en amuse et dure, rencontrait en profondeur mes désirs. Un pari fou, je le reconnais. Une de mes rares folies. Ensemble, nous avons commencé par écrire un livre à quatre mains. Pour lui le énième ; pour moi le premier. Nous avons ensuite créé et mené deux entreprises de presse. Aujourd'hui, nous poursuivons notre route commune en écrivant chacun pour soi. Mais nous sommes, l'un pour l'autre, le premier lecteur.

Symbole amusant de cette intégration, chez moi, mes deux pôles d'activité – mon bureau et ma cuisine – communiquent par une porte que je suis seule (ou presque) à emprunter. Merci à mon amie Marie, architecte, qui en a eu l'idée. Car, si nous vivons et travaillons ensemble, nous n'avons jamais partagé le même bureau. Ni au journal, du temps où nous en avions un, ni à la maison. Un luxe, j'en conviens, qui nous est précieux. En animaux que nous sommes, nous ressentons le besoin d'un territoire personnel, pour vivre l'isolement relatif (nos bureaux sont portes ouvertes) nécessaire à la réflexion, au travail, aux conversations amicales qui ne nécessitent guère d'autre présence, au retrait qui ressource et valorise d'autant le plaisir de se retrouver.

L'intégration n'a de sens que si chacun dispose d'une part de temps et d'espace, si petit soit-il. Dès que l'on partage un même toit, les espaces sont sérieusement imbriqués. Il faut alors sanctuariser des *temps* différents, exclusifs si possible, mais toujours limités : celui des repas, des enfants, des loisirs, de l'intimité, du travail à la maison…

Longtemps j'ai eu la joie d'accueillir mes petits-enfants parisiens pour le déjeuner du mercredi. Moment sacré. Aujourd'hui, en route pour leur avenir, leurs emplois du temps, voire leur lieu de vie, ont changé et c'est heureux.

Mais je reconnais que ce cas de figure d'intégration totale travail-vie privée est aussi singulier que privilégié. Encore que dans le monde agricole, celui de l'artisanat ou du petit commerce, les couples travaillent souvent ensemble.

Jusqu'au début du XXe siècle, le labeur à l'usine ou pire, à la mine, détériorait la santé des hommes et des femmes qui mouraient à la tâche. Ils considéraient le travail comme une fatalité et enviaient ceux qui pouvaient s'en dispenser. La nouveauté de notre époque est que travailler sans cesse, à faire ce que l'on aime, est devenu un luxe, non plus une aliénation. Relire Confucius.

Vous connaissez, comme moi, des éternellement débordés. Ce ne sont pas toujours ceux qui travaillent le plus, mais leur organisation ne doit pas être optimale. La leur ou celle de l'entreprise. Les loisirs même n'échappent pas à cette fébrilité. Comme si cesser de faire signifiait cesser d'exister.

Le monde du travail connaît des mutations profondes : il se raréfie, exige une mobilité permanente et ne doit pas se contenter de n'offrir que du profit, mais du temps et du sens. Précisément pour préserver ce qui reste de vie privée.

D'autres solutions sont possibles et il reviendra à chacun d'en inventer, puisque le salariat est et sera en régression au bénéfice de l'entrepreneuriat. Non seulement parce que travailler pour un salaire, fût-il en CDD, se raréfie, mais idéalement pour vivre cette fameuse intégration, et fait nouveau en forte progression, pour donner du sens à sa vie. Le profit ne suffit plus. Il importe de sentir que sa mission est utile à son quartier, à sa ville, à la planète, ou pourquoi pas à l'humanité. Et puis la demande de temps libre *versus* salaire augmente. Les grosses boîtes – sauf à opérer une révolution dans leur mode de fonctionnement –, auront du mal à retenir et *a fortiori* à recruter des talents. Pour la première fois cette année, même les start-up attirent moins les jeunes sortis des grandes écoles. Trop d'heures de boulot, pas

Le profit ne suffit plus. Il importe de sentir que sa mission est utile.

de vie privée. Moteur unique : l'argent, quand ça marche...
On nous annonce que demain, il n'y aura probablement plus de travail pour tout le monde. Les robots débarquent en masse. Et nous devenons trop nombreux.
L'écart s'élargira entre ceux qui travaillent tout le temps, parce qu'ils aiment ce qu'ils font, et ceux qui ne travaillent pas. À moins de découvrir le moyen de vivre sans argent du tout, il va falloir s'y préparer et trouver des solutions. Même si ne plus travailler pour gagner sa vie reste une révolution à peine imaginable – le fameux salaire universel défendu par de grands économistes, pour mieux vivre sa vie, se former à tout âge, s'engager dans des causes nobles, élever ses enfants, etc. Il importe que le XXIe siècle ait son utopie.
Jusqu'ici, la vertu première était l'adaptabilité. Elle doit faire place à la fluidité – dont parlait déjà Bruce Lee, l'acteur-producteur martial du fameux kung-fu, en 1970, au sujet de la pratique de son art. Cette fluidité, degré ultime de l'adaptabilité, est reconnue aujourd'hui comme la vertu principale pour vivre dans notre monde numérique, où les innovations connaissent une telle accélération qu'il nous faut répondre à cette injonction du même Bruce Lee, philosophe également : « Sois de l'eau. Adapte-toi. » Ne

parle-t-on pas d'une « société liquide » ? Si le kung-fu était enseigné dès la maternelle, en même temps que la méditation, nul doute que le monde serait meilleur.

En attendant, voici une suggestion de mon ami T, qui me séduit et que j'adopte : « Plutôt que de séparer travail et vie personnelle : faire du travail une joie de vivre, et de la joie de vivre une inspiration. »

Pas très loin de la parole de Confucius, cinq siècles avant Jésus-Christ.

Rire,
cet éclat salutaire

« Tout ce qui est sérieux me fait peur. »

Lotfi Akalay

Connaissez-vous plus ennuyeux que les gens sérieux ? Ceux qui sont non-stop dans la dérision peut-être.

Savoir faire un pas de côté par rapport à ce que l'on dit ou fait devrait s'enseigner dès le plus jeune âge. Ce petit truc, qui évite de se prendre pour quelqu'un d'important et rend la vie supportable, s'enseigne-t-il ? Relève-t-il des gènes ? Ou du simple mimétisme ?

Savoir faire un pas de côté.

Quand ai-je ri de moi pour la dernière fois ? Il doit y avoir cinq minutes. Et je peux en dire autant plusieurs fois dans la journée. Pas de mérite, c'est de famille.

On riait beaucoup à la maison, chez mes parents. Pour un rien et tous ensemble. Puis avec les

générations suivantes. Nos rides du sourire au coin des yeux nous le rappellent. Aujourd'hui encore, il suffit que nous nous retrouvions pour que le niveau sonore augmente. Ça fait un bien fou.
Il y a pire comme hérédité.
Ma sœur Viviane avait un rire magnifique et reconnaissable entre mille. Lorsqu'elle s'y mettait avec ma tante et ma mère, on les entendait à l'autre bout de l'impasse où nous vivions l'été, chez mes grands-parents. Très pratique pour savoir qu'elles étaient là – à l'époque, nous n'avions pas de téléphone, les visiteurs passaient sans prévenir, nous trouvions ça normal.
Mon père, entre deux colères, avait beaucoup d'humour comme je vous l'ai dit. Ma mère était bon public. Nous avons hérité des deux. Nous moquant d'abord de nous-mêmes, la moindre des politesses. J'avoue que nous ne nous privions pas de rire aussi des autres. L'arabe dialectal que maîtrisaient nos parents est une langue succulente à cet usage.

Le rire dégoupille les situations les plus pénibles.

La colère parentale ne nous a pas épargnés. J'en ai gardé un tel traumatisme que, chaque fois qu'elle pointe le bout de son nez, j'éclate de rire. Ça marche presque toujours.
Le rire dégoupille les situations les plus pénibles. Milan Kundera parle d'« ivresse de la relativité ».

L'humour juif, forme de sagesse, en est l'illustration : l'art d'être d'autant plus gai que la situation vécue est sans espoir.
Le dalaï-lama, sage entre les sages, l'incarne. Quiconque a vu en conférence à la télévision ou sur YouTube le chef spirituel du bouddhisme tibétain sait combien la sagesse libère le rire. L'humour figure en bonne place dans « les huit piliers de la joie » de ce saint homme. Le recul par rapport à soi est salutaire dans notre rapport aux autres, mais surtout à nous-mêmes.
Pour ceux qui doutent encore de l'efficacité clinique du rire et de l'humour, cette dernière est confirmée par la neuroscience. L'imagerie cérébrale démontre qu'il existe quatre circuits neuronaux indépendants qui influencent la pérennité de notre bien-être. Lorsque vous riez, votre cerveau, le grand gardien du temple, en témoigne.
Pour les princes et les souverains, ce devait être le rôle fonctionnel de leur « fou du roi ».
Vous me savez militante de la joie, et désormais du rire. Le rire et la joie sont-ils une seule et même chose ? Qu'en pense le clown triste ?
Même si le rire n'exprime pas toujours la joie, il sème la gaieté et c'est déjà beaucoup. L'important est que tous deux augmentent notre puissance d'être et d'agir, en libérant la production de dopamine, ocytocine, sérotonine,

Le rire augmente notre puissance d'être et d'agir.

endorphine – ces quatre substances chimiques produites par l'organisme, qui jouent un rôle clé dans nos ressentis positifs et la protection du stress.

Rire et séduction.

Rire et séduction ?

Un homme drôle est irrésistible, quel que soit son physique. Mais une femme ? Comme amie, certainement. J'observe que peu d'hommes disent : « Je suis amoureux d'une femme qui me fait rire », même quand c'est le cas.

Pourtant chez un homme ou une femme, ce talent ne va jamais seul. Il dit tout autant la sensibilité, l'intelligence, la générosité et une absence de prétention dans les relations à l'autre.

Quid du fou rire, irrépressible, lorsqu'il survient à un moment inopportun ? Face caméra ou même – j'en suis témoin – à un enterrement ? JL et sa sœur Christiane en sont coutumiers. Ensemble surtout. Deux gamins octogénaires craquants. Les anecdotes sont nombreuses dans la famille qui témoignent de cette complicité de toujours.

Nous avons tous vécu cette expérience délicate qui consiste à réprimer les rires inopportuns, ce qui les rend encore plus incontrôlables. Comme la toux à l'Opéra. Une bonne respiration profonde par le ventre peut en venir à bout. Plus simple à dire qu'à faire. Cela demande une certaine pratique. Mais essayez – en attendant le moment de raconter la mésaventure à un complice, ou même de vous la remémorer seul –, le fou rire revient automatiquement et se déploie au bord des larmes. La production d'endorphine atteint des sommets. On gagne dix ans, au moins pendant quelques minutes.

Faire son deuil, en prenant le temps

« *Marie-toi sois heureuse et pense à moi souvent*
Toi qui vas demeurer dans la beauté des choses. »

L'Affiche rouge, Aragon

À 73 ANS, J'AI INÉVITABLEMENT PERDU un certain nombre d'êtres chers, grands-parents et parents, mais aussi plus récemment ma sœur, et depuis longtemps, mes trois amies Martine, Lise et Sylvie.
Lorsque j'ai appris la mort de Martine, je n'étais pas à Paris mais auprès de ma mère malade à l'étranger. J'avais accompagné mon amie durant sa maladie et je connaissais sa fragilité. Mais je n'ai pas pu la voir une dernière fois, ni assister à son enterrement, ni parler d'elle avec sa famille.

J'ai cru qu'en allant sur sa tombe, le travail de deuil pourrait démarrer. Je me trompais. Il est demeuré en moi un point d'interrogation, comme un reproche que je me faisais. Avoir manqué sa mort et la cérémonie privait mon amie d'une place claire, comme si elle n'était ni vivante ni morte. Je lui ai parlé longtemps dans ma tête. Puis j'ai pu l'évoquer longuement, entre rires et larmes, avec une amie commune. Ces échanges m'ont aidée à accepter sa disparition. Mais seules les messes annuelles tenues les années suivantes à sa mémoire m'ont permis d'accomplir mon deuil.

Puissance irremplaçable du temps et des rituels.

Puissance irremplaçable du temps et des rituels, quelle qu'en soit la tradition.

Pour nous tous, ses amis, sa famille, cette paix qu'elle aurait retrouvée nous a apaisés aussi, sans l'oublier.

Pour la mort de ma mère, handicapée cinq ans à la suite d'un AVC, l'histoire fut tout autre.

Je n'ai pas eu la chance de lui tenir la main aux dernières heures, comme je l'avais tant souhaité. À plus de quatre mille kilomètres de distance, on arrive souvent trop tard.

Un homme de grande culture, à qui j'avais confié ce regret, m'a consolée en me disant que souvent, même très entourées, les personnes croyantes choisissaient de partir seules, à l'abri de tout regard. Ultime pudeur.

Mais j'ai pu la voir dans son linceul, comme le veut la tradition juive à laquelle nous appartenons. Apaisée après de longues souffrances. J'ai écouté les mots exprimés sur elle, à la tribune durant la cérémonie qui précède la mise en terre. Une sensation très forte dont mon corps se souvient encore, mélange de chagrin, de fierté et de consolation.
Puis pour respecter sa mémoire et sa foi, nous sommes restés ensemble, les six frères et sœurs, sept jours en un même lieu – comme le veut notre rituel, nommé shiva. L'idéal eut été de le faire chez elle, mais c'était trop petit pour nous accueillir tous. Une semaine sans travailler, hors du monde et du temps, pour célébrer les offices, vivre les uns avec les autres une semaine après l'enterrement, nous consacrer pleinement à la douleur et la partager.
Un temps étrange où tout s'est bousculé dans ma tête, regrets et remords de n'avoir pas voulu (ou pu) entendre qu'elle m'annonçait sa mort. De n'avoir pas osé en parler avec elle. Ce réflexe naturel et absurde de vouloir à la fois la rassurer et la consoler, au lieu de l'écouter, de l'aider à exprimer ce qu'elle sentait, pensait, et tant de confidences précieuses qu'elle avait probablement besoin de me dire et que je n'entendrai jamais. Mais paradoxalement, ce temps, ce lieu de retraite, furent plein de vie. À l'image de ce qu'elle était.

Des personnes, de tous âges, qui connaissaient notre mère, l'appréciaient, l'admiraient pour son caractère joyeux, généreux, courageux, sont venues nombreuses nous rendre visite. Famille, cousins, voisins, petits-enfants et arrière-petits-enfants, chacun racontait des anecdotes, récentes ou anciennes, drôles ou douloureuses. Tous ces récits m'ont permis de mieux la connaître, de vivre pleinement avec elle sept jours de plus.

Au bout de cette expérience forte, spirituelle, retirée du monde extérieur mais entourée d'êtres qu'elle a aimés, j'ai eu le sentiment d'avoir pris le deuil. Ma famille aussi.

Dans la folle accélération de nos plannings, même le temps du deuil est sacrifié. Ce n'est pas sans dommage car sans lui, le trouble profond causé par la perte d'un être cher s'incruste durablement, au détriment parfois des vivants qui nous entourent.

De nos jours, nous l'avons tous observé, sitôt l'enterrement ou la crémation achevés, tout le monde – même la famille proche – se disperse. Après un verre ou un repas, chacun repart chez lui vaquer à ses occupations. Le compte n'y est pas. La souffrance ou le malaise persistent à bas bruit.

Qu'est-ce que faire son deuil ?

Qu'est-ce que faire son deuil ?

Le vivre vraiment. Lui consacrer du temps, des paroles, du silence, de la conscience. En un mot, accepter la mort de la personne aimée pour retrouver l'envie et l'énergie de reprendre le cours de sa propre vie. Y plonger pleinement pour mieux en sortir.

Comme au bord d'une mer fraîche. Si je n'y plonge pas d'un coup, je me prive de cette sensation unique où le froid déclenche, en réaction, de la chaleur.

Contraste de nature comparable entre la mise en terre du corps de ma mère au cimetière et la shiva si chaleureuse qui s'en est suivie.

Un chagrin occupe longtemps sa place. Lui faire barrage en reprenant le cours de nos activités « comme si de rien n'était » lui fait violence. Il se rebelle. Ce n'est qu'en l'accueillant qu'il accepte, doucement, de se mettre en sourdine. Demeure alors de la personne disparue sa mémoire vivante. Le travail de deuil est en cours.

Ma mère détestait la solitude. Il nous restait à vivre son absence. À cuver notre chagrin. La vie a repris ses droits, avec toute l'énergie qu'elle demande, puisque vivre est notre mission première.

Une dernière chose. Vous l'aurez observé, le deuil met parfois mal à l'aise certaines personnes autour de nous, qui n'osent pas se manifester. Ce que l'on prend pour de la négligence n'est que leur propre malaise, respectable, face à la mort. Il importe alors d'aller vers eux pour les déculpabiliser, et qui sait pour les aider à dédramatiser l'idée qu'ils se font de la mort.

Du temps et du recueillement. Pas plus que la vie, le deuil ne peut être bâclé. Il importe de le vivre pour le dépasser et mûrir, avant de mourir nous-même un jour.

La mort, peut-on l'apprivoiser ?

« Ne soyez pas triste Charlottina. Souvenez-vous que la vie, dans le meilleur des cas, n'est qu'un semifreddo entouré de chocolat chaud. »

Federico Fellini

L'idée de ma mort m'est assez douce. Du moins dans la simplicité que je me plais à imaginer aujourd'hui. La lumière s'éteint. Rideau, fin.
Et si c'est dans une odeur de chocolat chaud, c'est encore mieux.
À vrai dire, j'y pense fort peu. Je ne me préoccupe plus des événements qui ne dépendent pas de moi.
En revanche – et pardon de cette banalité mais à mon âge elle a un sens –, la perspective de mal vieillir, de souffrir, de perdre mon autonomie,

relève du cauchemar. Je me souhaite, ainsi qu'à mes proches, de partir avant.

Les recherches des transhumanistes qui travaillent sur la « mort de la mort » ne me fascinent en rien. Avant qu'ils n'y parviennent (ce dont on peut encore douter), je ne serai plus là. Soulagement.

Quelle saveur aurait la vie sans la mort ? Quelle saveur aurait la vie sans la mort ? Ne dit-on pas que si l'on vivait chaque jour comme le dernier, on le vivrait plus intensément ? Peut-être, mais si chaque jour était intense, aucun ne le serait. Le contraste seul donne le relief. Le réel s'en charge fort bien.

Vous pourriez vous demander si j'aime la vie. Oui, je vous rassure. Mais pas assez pour souhaiter qu'elle dure indéfiniment, ni pour être angoissée à l'idée de mourir.

Une mélancolie fort ancienne, dont vous trouverez des traces dans ce livre, rôde en moi. Nous vivons en bonne entente dès lors qu'elle laisse toute sa place à la joie qui m'est si chère. Elle ne me pèse guère, mais elle veille et s'éveille lorsque je suis contrainte de me rendre à une fête. J'y reviendrai.

À 73 ans, il me reste à m'appliquer pour vieillir dignement. C'est encore ce que l'on a trouvé de mieux pour mourir le plus tard possible, selon le mot de Woody Allen.

J'y pense rarement, non parce que je m'y refuse consciemment, mais parce que la mort me fait

l'impromptu d'une visite nocturne de temps à autre, comme une amie apaisante et sans visage. J'ignore si je rêve ou pas. Je l'accueille, non sans curiosité. Je l'observe avec tendresse. La chasser ne doit pas être la bonne option, si j'en crois ceux et celles qui en ont peur, car elle est tenace et s'amuse à surgir là où on ne l'attend pas.
Sans visage, ça n'est pas exact, je devrais plutôt dire sans voix. La mort a pour moi plusieurs visages, ceux des personnes que j'ai aimées et qui ont quitté ma vie. Ma mère et ma sœur surtout. Elles m'apparaissent de temps à autre, calmes et sereines. Est-ce suffisant pour accueillir l'idée de la mort en toute tranquillité ? Je le ressens ainsi aujourd'hui, mais je sais que ça peut changer. Ma préoccupation, en revanche, comme vous tous, est la mort potentielle de ceux qui m'entourent. Leurs maladies, leur souffrance, leur fragilité fût-elle passagère me déstabilisent. En même temps, elles me donnent de la force pour les accompagner jusqu'à la guérison ou parfois jusqu'à la mort. Et à mon âge, la fréquence de ces situations s'accélère pour me rappeler que je suis mortelle aussi.
Pourquoi la mort inquiète-t-elle ? Du moins l'idée que chacun s'en fait ? Parce qu'elle est à la fois inéluctable et mystérieuse ? Nous ignorons tout de cette grande affaire et personne n'a pu témoigner sur ce passage.

La mort, inéluctable et mystérieuse.

Sauf peut-être ceux qui ont vécu une EMI (expérience de mort imminente), en état de coma profond et long, suite à un accident dont ils sont revenus. Ils racontent ce qu'ils ont vu et vécu, des sensations souvent décrites comme agréables. Mais si ces témoignages sont réels, l'EMI et la mort sont deux événements radicalement distincts, puisqu'on revient de l'une, pas de l'autre.

Ne vous sentez pas obligés de sombrer dans un coma pour satisfaire votre curiosité de la mort. Si vous avez la foi, elle aide à donner du sens à ce mystère. Sinon, rabattez-vous sur la philosophie, une valeur sûre. Elle vise à faire mieux vivre ceux qui savent qu'ils doivent mourir. « Philosopher c'est apprendre à mourir », disait Platon. Grâce au philosophe Michel Onfray, j'ai découvert récemment la leçon d'Épicure (341-270 av. J.-C.), que je partage aussitôt avec vous :
« La mort n'est que l'idée qu'on s'en fait
Si elle est là, je n'y suis plus
Si je suis là, elle n'y est pas
Il n'y a que du présent
Dès lors, il nous reste à vivre dans le présent. »

Essayons. D'ailleurs avons-nous le choix ?

> *« Philosopher c'est apprendre à mourir ».*

L'ÉNERGIE DU SILENCE

« Aller en soi-même et ne rencontrer pendant des heures personne, c'est à cela qu'il faut parvenir. »

Rainer Maria Rilke

Je peux vivre agréablement une journée sans me nourrir, mais pas sans un temps de silence. Et vous ?
Y aspirez-vous, même avec une pointe d'appréhension ? Y voyez-vous le plus grand luxe de l'époque ? Partagez-vous mon sentiment : faire silence comme besoin vital ?
À moins qu'il ne fasse naître en vous une angoisse insupportable.
Associé à l'ennui, l'isolement, la mort parfois, le silence peut faire peur. C'est pour combler ce vide que nous nous enveloppons de bruit : musique en streaming, vidéos, coups de fil, réunions à la chaîne. C'est le cercle vicieux du « *dopamine loop* », bien connu des toxicomanes.

Cette substance pousse notre cerveau à réclamer une stimulation perpétuelle.

J'ai la faiblesse de croire, pour le vivre dans ma chair, que plus le quotidien est bavard, plus il est vital de se mettre sur « pause » une ou deux fois dans la journée. Pour retrouver son souffle, sa capacité à penser, pour ne pas se perdre.

> *Plus le quotidien est bavard, plus il est vital de se mettre sur « pause ».*

Le matin, après ma marche solitaire, vous savez que je me pose sur mon *zafu* à 7 h 30 pour dix minutes de méditation zen. Dans la pénombre, mon cœur ralentit, ma respiration devient plus profonde, ma posture plus consciente et juste. Le silence s'installe en moi. À moins que mon chat, qui médite près de moi, ne soit pris d'un soudain accès de tendresse.

Puis j'ouvre les yeux. Je me sens bien. Je me suis reconnectée à moi-même pour vivre une journée dans la joie – mon émotion fétiche.

Ça ne protège pas des éventuelles déconvenues de la journée. Mais ça aide à les amortir.

À la personne efficace que vous pensez être, je confie mon propre ressenti : ces quelques minutes de silence chaque jour, seule, rechargent mes batteries. Je crois qu'elles développent ma capacité d'écoute, de créativité, de bonne humeur. Vous verrez, si vous essayez vraiment, ce qui n'est pas toujours facile.

La méditation n'est pas le seul moyen d'installer le silence en soi. Marcher dix ou quinze minutes,

portable éteint, à l'heure du déjeuner si vous n'êtes pas matinale, est une bonne option. Ou lorsque le temps le permet, s'arrêter quelques instants sur un banc avec un bon livre.
Quel que soit votre truc à vous, il importe qu'il soit quotidien.
Être en permanence connecté aux autres, n'est-ce pas le moyen le plus sûr pour éviter de se connecter à soi ?
Un jour peut-être sentirez-vous le désir de dépasser cette appréhension. Pour vous retrouver vous-même – réflexe du comédien au calme dans sa loge avant d'entrer en scène.
Dernier exemple non négligeable des vertus du silence : dans une négociation, il peut être plus fort que la parole. Celui qui le laisse s'installer prend l'avantage sur celui qui le rompt. Freud l'avait compris. La posture du thérapeute face à son patient est bien celle-ci. Pour y mettre fin, l'interlocuteur peut lâcher une information qu'il ne souhaitait pas donner. Le réflexe de combler le vide est si fort qu'on en devient moins vigilant !
Ça arrive plus souvent qu'on ne le pense. Essayez ! Et ne croyez qu'en la vertu de l'expérience – la vôtre !

Dans une négociation, le silence peut être plus fort que la parole.

Vie privée, l'intimité a-t-elle un avenir ?

*« Les passants qui passent les désignent
du doigt
Mais les enfants qui s'aiment ne sont
là pour personne. »*

Les enfants qui s'aiment,
Jacques Prévert

TRÈS TÔT, J'AI EU LE SENTIMENT que ma vie privée serait toujours prioritaire. Tout en travaillant. Cela va de soi.
J'ai de ce fait accepté des fonctions qui me convenaient et m'amusaient dans un secteur que j'ai appris à aimer, la presse et la publicité. Il avait quelques vertus : voir des gens, innover, travailler avec des personnes talentueuses, être libre d'organiser mes journées, sans dossiers le

*Ma vie privée,
ma priorité.*

soir à la maison. En résumé, il me permettait de trouver l'harmonie entre l'idée que je me faisais de la vie et ma réalité.

Cette cohérence a toujours compté pour moi, pour plus de simplicité, de clarté, sans dimension morale. Dans les années 1970, pas d'ordinateur ni de portable. *Marie Claire* n'existait encore qu'en version française, donc pas de voyage. Ma vie personnelle pouvait ainsi s'épanouir, hors du travail.

Fidèle à ce métier un demi-siècle – je vous l'ai dit –, j'ai conscience d'apparaître comme une antiquité. Plus personne n'aura cette constance, tant il est admis qu'il faut bouger, de lieux et de pays, pour développer ses expériences. Je n'étais pas prioritairement en quête de notoriété ni de biens matériels. Je tenais davantage à la qualité de mes liens avec mes proches et amis.

L'on peut être un entrepreneur à succès tout en privilégiant sa vie privée.

Reste que l'on peut être un entrepreneur à succès tout en privilégiant sa vie privée. J'en connais au moins un, intimement : JL. Il a fait ce choix dès l'âge de 20 ans comme auteur, journaliste et patron de presse, en harmonie avec ses valeurs, et ne semble pas le regretter. C'est pour cela qu'il a refusé une carrière politique qui se présentait à lui. Il fut tenté, mais son tempérament et ses priorités – en contradiction avec ce monde-là – ont fait barrage.

En revanche, il a plongé avec gourmandise dans la modernité et ses instruments magiques. Après avoir sa vie durant travaillé dans le papier, livres, quotidiens et magazines, depuis plusieurs années il ne lit plus ses journaux et son armada de newsletters US ou françaises que sur l'un ou l'autre de ses écrans. Contrairement à moi, je l'avoue, il dicte ses textos sur son portable et calme sur Skype ou FaceTime sa soif de voir ses enfants et petits-enfants qui habitent au loin.

Nous vivons et travaillons ensemble depuis trente ans. Cette intégration entre vies privée et professionnelle dont je vous ai parlé nous a paru évidente. Comment la rendre possible et agréable ? Comme toujours : beaucoup d'amour, une estime réciproque de nos compétences, une réelle complémentarité, une confiance absolue et une certaine discipline, pour poser des limites. À la maison, à table, nous ne parlons travail qu'au petit déjeuner ; le soir, notre conversation porte sur bien d'autres sujets.

Nous n'échappons pas à la manie de l'époque, nous travaillons partout et tout le temps, mais notre intimité n'en est pas grignotée pour autant.

Depuis que nous n'avons plus la responsabilité d'un magazine et d'une entreprise, et bien que l'écriture nous occupe à plein temps, nous savons nous offrir quelques parenthèses, en marchant dans Paris, en flânant presque, avec encore ce sentiment délicieux de faire l'école buissonnière.

La manière de travailler a changé, celle de vivre suit et s'adapte.

La manière de travailler a changé, celle de vivre suit et s'adapte. Depuis toujours. Ainsi a survécu et progressé l'humanité.

Alors, la vie privée telle que nous l'avons vécue jusqu'à récemment a-t-elle un avenir ?

Elle évoluera encore vers une complexité accrue, comme l'ont fait le couple, la famille, le mariage. Et il faudra la détermination de tous pour sauvegarder sinon l'espace, du moins un temps pour sa vie intérieure, son intimité, son anonymat, conditions de notre propre humanité.

Gilles Babinet est notre *digital champion* qui, comme tel, représente la France à Bruxelles pour promouvoir les avantages d'une société numérique en France. Ce qui le rend pleinement conscient des enjeux de l'économie numérique dont il connaît les bénéfices et les limites. Dans son ouvrage *L'ère numérique, un nouvel âge de l'humanité*, il ne cache pas une inquiétude certaine sur le fait que ces technologies vont provoquer un « changement de paradigme profond ».

Utilisateurs consentants, conscients et informés, nous laissons pourtant ces enzymes gloutons si séduisants grignoter notre sphère intime. On s'habitue si vite au confort et à l'efficacité.

En saine réaction, de plus en plus de gens choisissent des formules « week-end déconnecté », sans WiFi. Un service, deseat.me, développé par des Suédois, désabonne en une heure et gratuitement de tous les services qui ont un jour croisé votre vie numérique. On hésite légitimement à couper tous ces liens subtils au monde dans lequel nous sommes insérés. Une manière de se faire interdire le numérique, comme on le fait depuis longtemps au casino.

Le grand changement me semble-t-il est là. Les fameux *millenials*, natifs du numérique, ou du moins certains d'entre eux, ont une vision de la vie privée qui est radicalement différente de celle de leurs aînés. Ils la partagent sans résistance avec leur communauté, sur le réseau social principal qu'ils utilisent. Il n'y a plus d'intimité. S'ils sont avertis vis-à-vis de la société et de la consommation en général, ils ne résistent pas face à leur communauté en ligne. Ce qui a fait dire à une blogueuse suivie par des millions de followers, dans un excellent numéro de *Télérama* : « J'ai compris que ma vie commençait quand mon téléphone s'éteignait. »

Je veux croire que tout ça n'a qu'un temps et que notre intimité ne dépend que de nous et de notre désir de la préserver. Elle constitue le socle de notre vie, de notre équilibre, de notre qualité humaine. Le plus rare est de rencontrer

Notre intimité ne dépend que de nous et de notre désir de la préserver.

celle ou celui avec lequel nous aurons envie de créer et protéger cette intimité, à long terme.
Retrouver de la disponibilité, pour soi et pour les autres, est vital pour tisser le lien familial, amical, social – ce lien qui nous fait humains à part entière. Nous sommes d'abord des animaux sociaux, mais cette disposition naturelle demande à être cultivée, transmise, en prenant soin d'appliquer dans notre vie une salutaire écologie.
Se voir, se parler, partager un repas, s'embrasser demeurent heureusement irremplaçables.
Il importe d'y mettre le meilleur de nous-même – créativité, culture, humour, tendresse, amour.
Même si tout cela demande du temps.
Ce que nous montrons de nous, nous demeurons seuls à en décider.

L'ACCEPTATION, CE OUI QUI CHANGE TOUT

« L'acceptation joyeuse de la réalité. »

Svâmi Prajnânpad

Chaque mot de ce propos de « Swamiji », comme l'appelaient ses disciples, est à déguster pour s'en imprégner. Un jour, il prend la saveur de l'évidence. Pour moi, ce fut tardif.
Aux regrets de timing, je préfère le choix de la transmission. Ces modestes observations bénéfiques d'une aînée pourront-elles vous faire gagner un peu de temps ? Cette « petite voix », la vôtre, accepteriez-vous désormais de l'entendre, pour vivre pleinement votre vie ? Une voix dont j'ai vécu les gratifications.
Ne retiendriez-vous qu'une chose de cet ouvrage, puisque vous me faites l'amitié de me lire,

j'élirais l'acceptation. Au double sens du terme : l'acceptation de soi et l'acceptation de ce qui se présente à soi. L'une ouvre la porte à l'autre et réciproquement.
De quoi s'agit-il ?
De dire OUI à ce que nous sommes. OUI à ce et ceux que nous croisons sur notre chemin. Un OUI de principe, qui devient à l'usage franc et joyeux. Permettant de mieux accueillir et évaluer une situation, une personne, une idée, une information, fût-elle difficile à vivre, quitte à dire non ensuite. En disant oui, je m'ouvre au moins à l'écoute de ce que l'on me dit ou de ce qui se présente.

À quoi reconnaît-on ce OUI entier, ni contraint, ni résigné ? Un jour on le ressent, tout simplement. L'attitude mentale de départ convie ensuite le cœur et les sens. Sinon, ça ne marche pas. Pas facile ? Une pratique est nécessaire, comme pour un muscle. Il s'agit d'ouvrir son cœur et ses bras au lieu de vivre les épaules rentrées.

Et la décision devient sensation.

J'ai vécu quinze ans dans cette posture complexée mais invisible pour quiconque d'autre que moi. De l'adolescence à la trentaine, relation aux autres épanouie, relation à mon corps catastrophique. Je me voyais trop grosse, trop petite, trop brune (banalité affligeante au

Un OUI de principe, qui devient à l'usage franc et joyeux.

Maroc alors que ma mère avait les yeux bleus). Pour la taille et la couleur des yeux, il fallait me rendre à l'évidence. Je me suis rattrapée sur les régimes amaigrissants les plus farfelus. Comme je travaillais à *Marie Claire* et qu'un numéro sans régime amincissant miracle était inconcevable, j'ai tout essayé. Très vite et pour longtemps, j'ai été la reine du yoyo, passant d'une diététique à l'autre, voie royale pour se flinguer la santé. Et un jour, j'ai lâché pour m'investir dans une psychanalyse, pour bien d'autres raisons, plus sérieuses. Conséquence inattendue, j'ai minci durablement. De là à conclure que la psychanalyse fait maigrir, il n'y a qu'un pas, que je vous conseille de ne pas franchir, pour vous éviter des déceptions et un investissement disproportionné.

Une psychanalyse bien menée permet de défaire des nœuds affectifs et douloureux qui se sont formés tout au long de la vie. Mais aussi, elle apprend à vous accepter dans votre histoire, votre corps, et à mieux vivre avec. Pour moi ça a marché.

Je vous entends, à juste raison, me dire : « Accepter ? Même s'il s'agit de la maladie, ou de la mort d'un être cher ? » Même, et surtout. Au risque de vous choquer.

Le deuil ne commence-t-il pas lorsqu'on accepte la mort de la personne disparue ? Le chagrin, le souvenir demeurent, mais le travail se fait pour que la vie reprenne ses échanges avec les vivants. Pour la maladie aussi.

Comme une femme sur quatre, j'ai appris, suite à une échographie de routine, que j'avais un cancer du sein. Ce type de tumeur au stade 2 était opérable et maîtrisable. L'équipe de sénologues à qui j'ai eu la chance de me confier a été rassurante. J'ai accepté pleinement la nouvelle, avouons-le banale. Ce « oui » m'a permis de ne pas partir en vrille dans l'angoisse que peut provoquer une telle annonce. En petit soldat confiant, je me suis engagée dans la mise en route des innombrables rendez-vous et examens médicaux. Merci la France ! Je ne le dirai jamais assez, un pays où l'on peut se soigner de la meilleure des manières et gratuitement est une terre de cocagne.

En cas de cancer, la non-acceptation, la révolte ou/et la panique qui l'accompagnent rendent le patient sourd aux raisons, pourtant fondées, de considérer que c'est une maladie comme les autres. Ce refus du réel paralyse la patiente, si elle rumine l'injustice qui la frappe. Si dans cette situation le temps est précieux, le moral l'est encore davantage.

Pragmatique avant tout, mais toujours débutante, l'acceptation me rend la vie plus simple. Même si elle me demande souvent quelques négociations avec moi-même.

Trop souvent et à tort, acceptation est entendu comme synonyme de résignation. Du moins dans nos sociétés occidentales. Mais dès que l'on regarde vers l'Orient, on comprend adhésion, consentement, ouverture.

« Ce qui est arrivé est arrivé, ce qui est là est là, et c'est de là que nous partons », dit Svâmi Prajnânpad, qui fut le maître indien d'Arnaud Desjardins. Il ne sert à rien de se perdre en regrets, remords, récriminations, c'est du temps et de l'énergie perdus. Acceptons la réalité des choses, aussi désagréable soit-elle, et voyons surtout si nous devons et pouvons faire quelque chose. Loin de désactiver l'énergie, l'acceptation lui donne une base réaliste à partir de laquelle elle va pouvoir se déployer. Plus facile à dire qu'à faire. Le déclic libérateur s'est produit en moi le jour où j'ai pleinement réalisé que l'alternative à l'acceptation était la souffrance. Décisif pour lâcher-prise et commencer par accepter... de changer.

L'acceptation comme adhésion, consentement, ouverture.

Au bout de l'action bien menée, ajoute Svâmi Prajnânpad, il y a la liberté. « Dès que vous sentez que vous avez fait ce que vous aviez à faire, aussitôt vous n'avez plus rien à faire... vous êtes libre. »

En lisant et relisant ces quelques lignes à la façon d'un mantra – cette figure qui m'est chère – vous les expérimenterez et les transmettrez à votre tour tant les bénéfices sont profonds.

Face à de bonnes nouvelles mais surtout à de mauvaises, en appuyant sur la touche OUI, vous agirez plus efficacement, parce que plus sereinement.

Avec la conscience qu'une souffrance acceptée est déjà moins lourde à porter, pour vous et ceux qui vous entourent.

L'ÉCHEC, TROMPEZ-VOUS DE BON CŒUR !

« Le succès c'est d'aller d'échec en échec, sans perdre son enthousiasme. »

Winston Churchill

ON TROUVE TOUJOURS EXCELLENT UN LIVRE qui dit ce que nous pensons ou ressentons, mais tellement mieux que nous ne le ferions. Une résonance qui sonne juste et que l'on fait nôtre. Non pour plagier, mais pour la transmettre à notre tour, en citant nos sources.
Le livre du philosophe Charles Pépin, *Les Vertus de l'échec*, est de ceux-là. Vous y trouverez tout pour comprendre… les vertus de l'échec. Et ça n'est pas une formule de style.
De Charles Pépin, j'ai appris la différence essentielle entre erreur et sentiment d'échec. Faire

Faire des erreurs est utile pour progresser.

des erreurs est utile pour progresser. Cultiver le sentiment d'échec est nuisible et inefficace.

Ne pas s'effondrer au moindre échec serait-il affaire d'éducation et de culture ? Pour les Danois, rien de plus normal et bienvenu, témoigne Malene Rydahl, auteur d'*Heureux comme un Danois*. En France, à l'école ou à la maison, nous associons l'erreur à une culpabilité. La psychologie positive actuellement en vogue aide à améliorer cette vision dépréciative de nous-même.

Plus encore : ne pas faire d'erreurs, ou « échouer trop tard », bloque une trajectoire jusque-là triomphante. Pépin donne l'exemple du tennisman Rafael Nadal qui, heureusement, jusqu'à l'âge de 16 ans, s'est cassé les dents sur un Richard Gasquet imbattable. Apprenant de ses cuisantes défaites, l'Espagnol développera son talent et enchaînera les succès.

Me revient un souvenir jusque-là enfoui. Étudiante en droit public et en sciences politiques à la faculté de Casablanca, je décroche ma licence en 1965. Avec, à ma grande surprise, 19/20 à ma copie de droit international public. Quatre heures pour commenter l'article 2 du premier chapitre de la Charte des Nations unies – j'en serais désormais bien incapable. Était-ce si utile ? En rendant les copies, le professeur Lescuyer, aujourd'hui disparu, me dit qu'il met cette note

pour la première fois de sa carrière. Et ajoute aussitôt : « Il va vous falloir un échec, assez vite, pour continuer à progresser. » Sur le moment, je n'ai guère compris ce qu'il voulait me dire, au-delà d'un trait d'humour.
L'échec n'a pas tardé. Ce fut l'année suivante, au doctorat de droit à la Sorbonne. J'ai échoué au premier DEA. Il m'a décidée à rentrer dans la vie active. J'ai donc continué à progresser, mais sur une autre voie, la presse.
Sur le moment, je n'étais pas fière d'avoir abandonné le droit. J'avais espéré enseigner et j'ai gardé cette blessure longtemps. Jusqu'à ce que le succès me sourie à nouveau, dans mon nouveau métier où j'avais trouvé ma place et les moyens de vivre. Je n'ai pas été le Nadal du droit public, mais heureuse dans la presse magazine, reconnaissons-le plus divertissante que le droit.
Tout parcours de vie rencontre des obstacles. Pour moi il y en eut bien d'autres. J'ai appris à les accepter pour saisir de nouvelles opportunités. Il s'agit, comme toujours, d'accueillir les difficultés pour les comprendre, les dépasser et repartir. Sans rancœur, sans dépréciation de soi ni d'autrui. Accepter est une force, non une résignation. C'est souvent difficile à vivre, mais jusqu'à ce jour je n'ai rien trouvé de plus efficace.

En repensant au vénérable professeur Lescuyer, j'ai compris ceci : la vertu cardinale de l'échec qu'il m'avait souhaité alors était de me faire redescendre sur terre. De me faire douter de moi pour me rendre plus réaliste, dans le but de me dépasser à nouveau. Il avait dû percevoir que j'étais sur un petit nuage de succès. Un lieu délicieux, à condition de le quitter vite pour retrouver la terre ferme.

LE BLUES DU DIMANCHE, À ROULER DANS LA FARINE

« J'aime, tous les jours de la semaine
Du lundi au samedi, aucun problème
Le dimanche matin, idem
Ce n'est qu'en début d'après-midi
Que le temps s'alourdit. »

Le Blues du dimanche soir,
Louis Chedid

Le repos dominical n'a guère qu'un petit siècle. Avec lui naquit le blues du dimanche soir... La sublime Gréco chantait déjà *Je hais les dimanches*, au sortir de la guerre. Chedid père fredonne *Le Blues du dimanche soir*. Soixante ans séparent ces deux chansons, c'est dire si le phénomène est intemporel, et largement partagé au-delà de nos frontières.

Frustration au crépuscule d'un week-end qui s'achève, qu'il fût bien vécu ou au contraire culpabilisant, sur l'air de : « Je n'ai pas fait tout ce que je m'étais promis de faire. » Frustration à laquelle s'ajoute l'appréhension d'une nouvelle semaine de contraintes et routines qui commence. C'est du moins les confidences que j'ai recueillies de nombreuses personnes de tous âges. Un phénomène mystérieux pour moi, mais reconnu comme déplaisant pour beaucoup.

Si je n'ai guère de diagnostic à poser sur l'attaque de ce bourdon endimanché (j'ose à peine vous confier que j'échappe à ce blues hebdomadaire), j'ai quelques suggestions à vous faire pour vous soigner.

Quand j'avais 20 ans, le blues – on appelait ça le cafard, me tombait dessus n'importe quel jour de la semaine. Désormais, seulement quand je suis tenue d'aller à une fête : anniversaire, mariage ou autre. Le pire étant les fêtes-surprises que des proches bien intentionnés veulent organiser pour « me faire plaisir ».

Je m'y ennuie vite, sentiment plutôt insolite dans ma vie. Trop de gens, trop de bruit. Je ne bois pas, on dîne tard et froid. Et puis, me levant à l'aube, je tombe de sommeil, au moment où l'ambiance commence à prendre pour les invités.

Je pourrais y faire des rencontres agréables ; mais n'avez-vous pas observé que trop souvent nous sommes harponnés par une personne qui sans même se présenter vous appelle par votre prénom et prétend que vous l'avez déjà rencontré trois fois ?
Un oubli de vieux, peut-être, mais plus jeune, j'étais tout aussi mal à l'aise à ces fêtes, jamais tout à fait dedans, habitée par le désir de me sauver. Je me demandais en boucle ce que je faisais là. Ça n'aide pas à se mettre dans l'ambiance.
Hier, par exemple, j'ai eu un petit coup de blues. Une journée un peu trop compliquée. Mon truc pour ne pas le laisser s'installer est de le transformer en joie, en me lançant dans une activité qui va me gratifier.
Comme désormais je travaille chez moi, je pousse la porte dérobée qui relie mon bureau à ma cuisine, et, avec les ingrédients disponibles dans mes placards, je me lance dans la recette d'un gâteau ou d'un plat que je n'ai encore jamais essayée.
Au plaisir de la découverte s'ajoute la nécessité d'une attention exclusive. Une thérapie aussi singulière n'est possible que pour une fourmi gourmande et cuisinière comme moi, dont frigos et placards sont toujours garnis.
Mais le principe vaut pour tous. Pour chasser le blues, essayez de lui lancer un scud le plus

Pour chasser le blues, essayez de lui lancer un scud le plus tôt possible.

tôt possible, c'est-à-dire de vous investir un bon moment dans une activité, manuelle ou pas, qui vous met dans ce salutaire état de flux. Une occupation qui vous fait vraiment plaisir, qui change votre état intérieur durablement et vous absorbe au point de ne pas voir le temps passer... et le méchant bourdon de s'envoler.
Chacune et chacun d'entre nous a un recours de cette nature dans sa vie. Il suffit de se connaître un peu.
Je pratiquais un autre truc anti-blues à l'époque où ce stress était récurrent. J'étais étudiante et habitais un foyer de jeunes filles rue Bonaparte. Je m'enfermais alors dans une salle de cinéma de 14 à 18 heures pour voir deux films. Autrefois, sauf exception, un film durait quatre-vingt-dix minutes.
Ou encore, j'allais à la librairie voisine du Flore m'acheter un roman, pour me changer du Dalloz de droit commercial. Et je me sentais à nouveau bien dans ma peau.
Puisqu'il m'est aussi arrivé, comme tout le monde, de m'enfermer et de ruminer mon « cafard » avec un résultat nul, j'en ai tiré une conclusion évidente : à éviter à tout prix.
L'avantage avec le blues du dimanche soir, c'est que le lundi arrive quoi qu'on fasse, dissipant dans l'action nos miasmes intérieurs. L'inconvénient est qu'il revient tous les sept jours.

Moi, vous l'avez compris, mon plan de lutte, c'est la cuisine. Hier soir, pour me changer les idées, j'ai fait des pâtes, comme en Sicile. Simples, rustiques et exquises. Une cuisinière généreuse qui tenait une petite trattoria à Panarea, dans les îles Lipari, m'en a donné la recette. Un cadeau que j'ai envie de vous faire à mon tour. Nommons-la « spaghettis anti-blues » de son vrai nom « *aglio, olio e peperoncino* ».

Mon plan de lutte, c'est faire la cuisine.

Pour 4 :
400 g de spaghettis – De Cecco si possible
8 belles gousses d'ail rose pelées, germes retirés et taillées en fines lamelles
25 cl d'huile d'olive et de la meilleure (pas de mauvaise surprise)
Une pointe de piment de Cayenne
Gros sel, poivre

Dans un grand faitout, portez à ébullition 4 litres d'eau additionnée de 2 bonnes cuillerées de gros sel. Tournez à la spatule pour le faire fondre.
Jetez-y les pâtes et respectez le temps de cuisson inscrit sur le paquet, après la reprise de l'ébullition.
Pendant ce temps, dans une sauteuse, à feu doux, faites rissoler les lamelles d'ail dans l'huile additionnée de poivre et de piment de Cayenne jusqu'à ce qu'elles deviennent transparentes.

Sitôt cuites, égouttez les pâtes (jamais complètement) et glissez-les dans le mélange huile, ail et Cayenne. Toujours à feu doux, mélangez-les 2 minutes avec deux spatules pour les enrober d'huile.

Ces pâtes se mangent sans parmesan avec quelques cubes de tomates crues si vous en avez sous la main.

Et si vous avez assez de spaghettis dans votre placard, appelez des amis !

Le voyage, pour revenir avec un œil neuf

« Pour mon goût, voyager c'est faire à la fois un mètre ou deux, s'arrêter et regarder de nouveau un nouvel aspect des mêmes choses. »

Propos sur le bonheur,
Alain

RECONNAISSONS QUE NOUS VIVONS une époque dominée par la mobilité. Nous avons tous la bougeotte. Le principal bénéfice du voyage est de me faire perdre mes repères. De me laisser dépayser au sens propre, surtout par une autre langue. Ne plus pouvoir lire ni parler, tout en me frustrant, m'oblige à développer ma capacité d'observation, à la recherche de signes qui me permettent de ne pas être totalement perdue.

Perdre ses repères.

La malédiction de la tour de Babel est peut-être en voie de s'atténuer avec les incomparables traducteurs automatiques. Pas encore fluide, mais c'est pour bientôt.
Ma langue universelle s'exprime par une visite au marché suivie d'un repas au restaurant. Ils m'informent de la manière la plus vivante sur la culture d'une population. J'aime y découvrir des hommes, des femmes, des enfants, des saveurs, des odeurs – et des produits jusque-là inconnus. Parcourant un nouveau pays, je deviens plus « animale », aux aguets, œil grand ouvert et oreille tendue. J'observe tout ce qui me permet de comprendre et sentir où je suis : la rue, les gens, la lumière, les couleurs, les odeurs, les vêtements, le climat. On respire des parfums nouveaux. On mange autrement, à un autre rythme, d'autres mets. Nos papilles découvrent. Nous sommes plus présents, attentifs à tant de nouveautés. Plus éveillés, quelquefois émerveillés par les sites et les monuments.
Mais il m'est arrivé de surtout découvrir la pauvreté, le manque d'hygiène, le regard des enfants qui ont faim, leurs yeux malades et couverts de mouches. Dans mon enfance j'en ai vu beaucoup au Maroc. Depuis, si tout n'est pas encore au mieux pour chacun, les progrès sont immenses. L'impression que me font les humains reste la plus forte, ma mémoire et mon corps s'en

L'impression que me font les humains reste la plus forte.

souviennent, estompant la beauté des sites ou des paysages.

C'est alors que retrouver son pays, sa ville, sa maison, donne l'impression d'un privilège encore plus intense. C'est péché d'oublier combien nos chances sont nombreuses. Comment faire pour conserver cette fraîcheur, cette disponibilité à ce que l'on vit chez soi ?

Au petit matin, lorsque je marche dans Paris une petite heure, souvent à la lumière des réverbères, j'ai des itinéraires différents. Sur chacun d'entre eux, parcouru déjà des dizaines de fois, je m'applique, de temps en temps, à découvrir quelque chose qui m'avait échappé jusque-là. Je trouve souvent, en levant simplement la tête, un balcon joliment aménagé, un immeuble bizarrement surélevé, un portail particulièrement travaillé ou un arbre dont je n'avais pas remarqué le tronc tortueux, ou gravé artistiquement par des amoureux. Voyager, on peut aussi le faire dans son quartier. Il suffit de se donner comme projet la possibilité d'une découverte. Aucun Parisien ne connaît tous les arrondissements de sa ville, à moins qu'il soit chauffeur de taxi. C'est fou comme nous vivons dans un microvillage, par manque de temps, de curiosité, par paresse surtout. Encore une vertu que développe le voyage.

En week-end, JL et moi allons souvent à la découverte de lieux où ni nos pas, ni nos contacts

Voyager, on peut aussi le faire dans son quartier.

ne nous mènent habituellement. Cette balade toujours gratifiante nous a ainsi fait découvrir que le Paris pour piétons est plus petit qu'on ne l'imagine. De l'Étoile à la gare de Lyon, même pas sept kilomètres – une heure et demie en marchant sans traîner. Et c'est tellement bon pour la santé.

Savoir que je puis trouver des sensations voyageuses en ne quittant même pas ma ville m'arrange bien ; avec l'âge, j'ai moins envie de bouger.

Ralentir pour mieux accélérer. Mes dix clés

« ... tout le malheur des hommes vient d'une seule chose, qui est de ne savoir pas demeurer en repos dans une chambre. »

Pascal

Savez-vous quel est le rêve le plus partagé des Européens ? Ni maigrir, ni s'enrichir, mais... ralentir.
Ils étaient déjà 74 % à le déclarer en 2011, dont le tiers de veinards-courageux qui ont déjà un peu changé leur vie pour y parvenir. Les Français arrivent en tête de cette prise de conscience. Pourtant tous sentent que ça ira de plus en plus vite.

Et vous ? Êtes-vous de celles et ceux qui se disent : « Chaque fois que je ralentis, j'ai mauvaise conscience » ? Ou plutôt : « Impossible de continuer comme ça, trop vite, trop de stress, trop de confusion » ? À moins que vous n'aimiez au contraire cette accélération, sa production d'adrénaline, voire le sentiment de puissance qu'elle procure ? Auquel cas, il importe de respecter vos sensations. Ralentir n'est pas un dogme, mais seulement, pour certains dont je suis, un temps pour recharger ses batteries et repartir dans la course quotidienne.

Lorsque nous dirigions les magazines *Psychologies* puis *Clés*, JL et moi avions, comme vous tous, observé la sensation d'accélération de nos vies, car la journée, elle, fait toujours vingt-quatre heures.

D'où notre création dans *Clés* d'une importante rubrique de vingt-cinq pages intitulée « Slow life ». Passer au *slow* ne veut pas dire renoncer à l'efficacité ou à l'activité. C'est surtout une question d'équilibre, et de santé mentale. Les deux se complètent et s'enrichissent. Si, dans un sursaut de lucidité (ou d'épuisement !), cette combinaison intensité/*slow* vous tentait, j'ai quelques trucs pour vous dans ma besace. Voici mes dix pratiques – non exhaustives mais vécues – parmi lesquelles vous trouverez peut-être la vôtre. Personnellement, je n'hésite

Passer au slow *ne veut pas dire renoncer à l'efficacité ou à l'activité.*

pas à en cumuler plusieurs, et cela commence à ressembler à une *slow life* active, créative, joyeuse, trop peu contemplative à mon goût, et pas encore assez disponible aux autres.
Ces dix petits cailloux sur le chemin d'une vie mieux vécue ne sont que le témoignage de mes expériences bénéfiques. Ralentir par instants ne signifie pas être incapable d'adopter un rythme plus rapide, lorsque c'est nécessaire. La vivacité s'impose et l'ivresse de se dépasser aussi.
Loin de moi l'idée de faire un procès aux infatigables (il arrive que l'on me perçoive ainsi). Je voudrais juste leur proposer d'écouter une autre musique, qui est en eux, avant que le stress ne les rende sourds à tout changement.
Le besoin de recouvrer du calme intérieur, par instants, voire une forme de spiritualité dans un monde de surconsommation, me paraît vital. Nous pouvons apprendre à retrouver cette sagesse ancienne et innée qui nous reconnecte à notre potentiel grâce à des pratiques modestes, quotidiennes et ritualisées.
Le bénéfice est immense : il permet d'élargir notre capacité à voir et à accueillir ce qui se présente. À être attentifs aux autres, à vivre une vie qui soit pleinement la nôtre.

Le besoin de recouvrer du calme intérieur est vital.

Méditer

« Par le non-faire, tout faire devient possible. »

Lao Tseu

Difficile d'ouvrir un magazine, un site, ou d'entrer dans une librairie sans repérer un rayon entier sur le sujet. J'apprends ce matin l'ouverture d'un bar à méditation à Paris. Je ne visualise pas très bien le concept, mais pourquoi pas ?
Cette effervescence autour de la méditation et de ses bienfaits ne date, en France, que des années 2000. Elle peut, à juste titre agacer ceux qui n'en ressentent aucunement le besoin. Car il ne s'agit que de répondre à une nécessité, lorsqu'elle se manifeste.
À *Psychologies*, nous étions parmi les pionniers à en traiter régulièrement. Un patron d'une grande marque de cosmétiques, à qui je venais présenter ce magazine original que nous venions de relancer, m'a dit en s'arrêtant sur cet article : « Ça fait très secte ! » À sa décharge, j'ai souvent

entendu la même chose à propos de sujets sur l'acupuncture. Qui aujourd'hui n'a pas eu l'occasion de recourir aux petites aiguilles ? Chacun a SON acupuncteur, comme chacun a son restaurant thaï. Mesurer le chemin parcouru me réjouit et en dit long sur l'évolution – heureuse – des comportements.

Le terme sanskrit traduit en français par « méditation » est *bhavana* – qui signifie « cultiver ». Cultiver l'attention. Cette urgence ne vous surprendra pas, vu la nouvelle pratique généralisée du *multitasking* (mener plusieurs choses à la fois). Quiconque a côtoyé une personne en burn-out se dit : « Jamais ça pour moi ! »

Cultiver l'attention.

La méditation, originaire d'Asie, initiée par les moines bouddhistes – dont le plus connu en France est Matthieu Ricard – et laïcisée, a pris des proportions de panacée. Avant lui, Karl Graf Dürckheim est sans doute le premier à avoir capté le zen dans sa sphère bouddhiste pour l'occidentaliser. Bien d'autres désormais en font la promotion mondiale par leurs ouvrages et conférences, témoignant de leur bénéfice personnel, et professionnel.

Citons Christophe André, psychiatre français, ou Jon Kabat-Zinn, biologiste américain qui a développé son concept de *mindfullness* – la « pleine conscience ». Sans oublier notre regretté David Servan-Schreiber, psychiatre et chercheur formé à Pittsburgh. Comme Kabat-Zinn avec lequel il a travaillé, il défendait l'idée – expériences à l'appui – que la méditation associée à une hygiène de vie renforce nos capacités immunitaires.

Quel que soit le type de méditation (il en existe dans plusieurs traditions), il s'agit d'un entraînement de l'esprit qui permet de vivre mieux, de retrouver du calme intérieur, lequel clarifie les idées et aiguise les sens.

Vivre mieux, retrouver du calme intérieur.

Je pratique depuis trente ans, modestement, la méditation zen. On dit aussi « faire zazen ». JL, qui m'y a initiée, a cessé de la pratiquer, estimant que toute sa manière de vivre était méditative. Cet exercice me semblait tellement loin de la rationalité à la française que, lorsque j'ai commencé, je n'en attendais rien. Non par scepticisme, mais par ignorance. Coup de chance, c'était la juste attitude. Après seulement quelques séances de vingt minutes, j'ai ressenti un bien-être singulier – à part les fourmis dans les jambes et les pieds, à cause de la posture assise jambes croisées et dos droit.

Me fiant à mes sensations, j'ai adopté cette pratique. Depuis plusieurs années, je me pose à 7 h 30 en tailleur sur mon *zafu* (coussin rond et ferme conçu à cet effet), pieds nus ou en chaussettes, mains posées sur les genoux, paumes face au plafond, dix minutes seulement.

Ce qui me suffit pour qu'un calme bénéfique et un sourire s'installent pour la journée. Toujours à la même heure, au même endroit, un rituel, sans but et sans effort, sinon la conscience de tenir la bonne posture, sans tension et centrée. Attitude vers laquelle, dans la vie, j'essaie de tendre.
La difficulté de l'exercice réside dans cette simplicité. S'y adonner sans but.
Toutes ces histoires que vous pouvez lire ou entendre sur l'injonction d'« arrêter ses pensées » sont irréalistes. Les grands méditants y parviennent au bout de centaines, voire de milliers d'heures de méditation. Pour les apprenants que nous sommes, lorsque cela advient, il faut le considérer comme une grâce, pas une contrainte. Laissez au contraire défiler vos pensées, comme elles se présentent, laissez flotter votre esprit sans but, à sa guise. Ce que vous ne faites presque jamais. La solution à des problèmes concrets en sera parfois favorisée par la suite. Je l'ai observé, sans l'attendre pour autant, ni même établir de lien avec une séance précise. Tout simplement parce que l'esprit devient plus clair.

Laissez flotter votre esprit sans but, à sa guise.

Cet entraînement au lâcher-prise, si étranger à notre éducation, stimule aussi la créativité. Cadeau-surprise qui m'aide à travailler et vivre différemment, à changer mon regard sur les choses de la vie et à améliorer mon écoute des autres. Enfin, je me sens mieux équipée pour affronter les moments difficiles de l'existence. Sans oublier que ça ne coûte rien (sauf l'achat du *zafu* ou l'abonnement à quelques cours d'initiation) et se pratique partout, sans limite d'âge. Adulte, l'exercice ne convient toutefois pas à tous. Une amie me disait que ça l'endort. Une autre que ça lui déclenche un fou rire. Preuve, au moins, que ça ne les laisse pas indifférentes. Comme pour toute autre pratique – marathon ou macramé –, ce n'est qu'en persévérant que l'on peut entrevoir les bénéfices ou confirmer que non, décidément, ça n'est pas pour nous. Vous l'avez sûrement observé pour la lecture de certains auteurs. Dans mon cas, Proust. J'avais essayé de le lire à 25 ans – *Du côté de chez Swann*, qui m'est tombé des mains. Je l'ai repris dix ans plus tard, une rencontre.

Alors, pourquoi la méditation n'est-elle pas adoptée dès la petite enfance, à l'école ? Cela commence à se faire. Quelques expériences très concluantes sont menées en ce sens en France, en Californie et ailleurs. Dans les hôpitaux, les écoles et les entreprises aussi, Google pour ne citer qu'elle, sous la direction de Chade-Meng Tan, « joyeux luron ». N'est-il pas réconfortant d'observer que l'humanité peut aussi progresser sans recours à la moindre technologie ?

Adopter la *slow food*

« Nous avons pris conscience que nous devions lier la gastronomie à la biodiversité. »

Carlo Petrini

Le mot est maintenant bien connu, mais la pratique loin d'être adoptée par le plus grand nombre. Combien d'entre vous mangent trop souvent n'importe quoi, par manque de temps, d'idées, d'envie ? Seuls, vite, devant leur ordinateur, ou en marchant dans la rue, portable à l'oreille. Je peux vous garantir que l'on peut faire autrement.
Carlo Petrini, Piémontais gourmand, ex-soixante-huitard, a formulé le concept de *slow food* il y a trente ans, à Bra, dans le nord de l'Italie, en réaction à la *fast food*. Non pas pour nous faire mâcher lentement chaque bouchée (encore que) mais pour redécouvrir les saveurs et les goûts des cuisines traditionnelles ou régionales. En un mot, la bonne bouffe.

Slow ne veut donc pas dire ici « lent » mais en conscience, avec anticipation et discernement. Certes, ça prend plus de temps que de s'acheter un sandwich à la première supérette venue, un burger ou même un sushi sans vrai goût.

Aujourd'hui, l'association fondée par Petrini compte 100 000 membres dans 150 pays. C'est beaucoup et peu à la fois. Mais la force de ce novateur, avec d'autres en France comme Vincent Ferniot ou Périco Légasse, critique gastronomique régionaliste convaincu, a été d'éveiller nos consciences. Sa démarche a marqué le début d'une véritable révolution alimentaire, sur toute la chaîne, du producteur au consommateur.

On peut bien sûr manger sain, locavore, bio et bon sans militer dans un mouvement quelconque – si ce n'est celui de son bien-être quotidien.

La raison et la tendance, pour une fois, vont dans le même sens : la bonne bouffe à des prix raisonnables fleurit un peu partout, le plus souvent à l'initiative de jeunes chefs aussi talentueux que courageux, ou de managers engagés et empreints de l'esprit des start-up. Peu d'argent, peu de personnes, mais de l'enthousiasme et une capacité de travail à revendre. Une vague est en train de gonfler.

Quant au temps du repas, il est aussi important pour la santé que ce que l'on mange. Un temps de convivialité, lorsqu'on a la chance de ne pas vivre

> *En conscience, avec anticipation et discernement.*

ou travailler seul. Un temps qui nous humanise un peu plus si nous le respectons – même seul. Certes, le plaisir de nourrir est devenu pour moi un mode de vie. Dès le matin, des idées me viennent en pensant au dîner du soir. Au marché, lorsque j'en prends le temps, en cuisine, et enfin à table – déguster, servir et partager. Mais sans en arriver là, prenez donc le temps de choisir ce que vous mangez, et si possible avec qui vous mangez. Nourrir, les autres ou soi, est un art de vivre trop négligé.
J'ai réglé le problème du repas de midi en ne déjeunant plus depuis trente-cinq ans, donnant ainsi toute son importance au dîner, conclusion intime de la journée. Petit déjeuner, thé à 16 heures, dîner *slow* et gourmand. Tout faux, me dit-on très souvent : il faut dîner léger, et ne jamais sauter un repas. Après avoir essayé tous les régimes absurdes recommandés par la presse féminine, milieu dans lequel je vivais et travaillais, la vie m'a appris une chose simple : le plus important est de bien se connaître. De savoir ce qui nous fait du bien, et de respecter nos propres rythmes biologiques. L'alternance appétit-satiété est propre à chacun. Chaque être est unique, bien que façonné par ce qui nous est commun, notre culture.
Pas simple, j'en conviens, d'aller à l'encontre des codes sociaux dans un pays où la table reste

Nourrir, les autres ou soi est un art de vivre trop négligé.

un lieu central de convivialité rythmée par trois repas par jour. Mais manger sans avoir faim est désagréable et contribue à faire prendre du poids. Longtemps j'ai observé que je digérais mal mon déjeuner, quoi que j'avale. J'étais ralentie et maussade, comme en témoignent aujourd'hui les allergiques au gluten. Après avoir accusé ce que je mangeais ou le fait de trop parler en mangeant (les fameux déjeuners d'affaires), j'ai compris que j'avalais des mets certes délicieux et légers, mais sans le moindre appétit. J'ai arrêté de me plier à ce rituel culturel et tout est rentré dans l'ordre. De même, ne pas s'alimenter au moment où notre corps nous le demande peut entraîner une boulimie de n'importe quoi.

Comme moi vous découvrirez qu'il est possible de faire autrement – à votre façon à vous –, et chacun se sent beaucoup mieux. Lorsque je « déjeune » avec une amie ou des relations professionnelles, elles s'habituent très vite à me voir boire du thé vert, tandis qu'elles font honneur à leur assiette.

À chacun son *slow*...

Flâner

« Pour Hermès, la flânerie est une seconde nature, avouons-le, notre nature profonde. »

Pierre-Alexis Dumas

« Se promener sans but, aller au hasard, paresser », nous dit la définition consacrée.
Quel délice ! Un nouveau luxe. Chaque mot nous fait rêver tant il se situe aux antipodes de notre sémantique quotidienne où tout est daté, chiffré, planifié.
La bonne nouvelle est qu'il existe un remède et les plus réceptifs au traitement sont ceux qui portent déjà le virus de la flânerie dans leurs gênes. On a plus de chances de parvenir à flâner lorsqu'on a déjà pratiqué l'exercice, lorsqu'il est inscrit dans notre histoire ou notre culture. Comme pour la démocratie qui reste une abstraction pour les pays qui ne l'ont jamais connue.
J'ai peut-être une chance. L'Orientale que je suis a aimé flâner, paresser. Ce comportement, cet

esprit était naturel autour de moi, et valorisé dans la culture marocaine. Vivre dans un pays où le soleil brille presque toute l'année encourage à la promenade sans but mais non sans plaisir, suivie d'un thé à la menthe, de cornes de gazelle et de « pia-pia » sans fin. La paresse était un mode de vie, pour les femmes bourgeoises surtout. Tout ça a changé et la majorité des femmes marocaines travaillent. Mais elles savent toujours flâner et elles le font.

Depuis que je n'ai plus la responsabilité d'un magazine, je me (ré)éduque au plaisir de flâner seule et en silence. Mes dispositions sont certaines. Ma nature profonde est d'aimer ne rien faire. Mais je l'ai oubliée. Pire, j'ai pris goût à l'activité constante, week-end et vacances compris. Si je la rappelle gentiment, si je me reconnecte à elle, elle reviendra, peut-être.

Ma nature profonde est d'aimer ne rien faire.

« Aller au hasard », je n'y parviens pas encore. Marcher lentement non plus. Ma flânerie, encore trop rare, s'invente un but autre que celui de flâner. Essentiellement une expo, un rendez-vous suffisamment éloigné de chez moi, la découverte d'un lieu insolite ou nouveau repéré dans les médias, ou simplement une course qui attend depuis plusieurs semaines.

Même dans ces conditions, je ressens la justesse de ce que nous rappelle le philosophe Roger-Pol Droit : « Marcher, parler et penser ne forment qu'un seul et même mouvement. » J'ajouterais : marcher sans parler incite à penser. On aurait tort de se priver de cette opportunité trop rare dans nos vies surinformées.

Je m'entraîne et progresse. Au point que je balance entre délice et inquiétude.

Aïe ! Je ne suis pas encore guérie, mais la menace de rechute s'éloigne.

J'ai goûté au fruit défendu, dont j'avais oublié la saveur.

ÉCOUTER

Au moment où médecins et enseignants alertent sur la baisse de concentration – pas toujours prouvée – des jeunes générations addict aux écrans et aux réseaux sociaux, écouter l'autre avec présence et bienveillance devient une courtoisie salutaire.

Encore que des personnes qui se parlent sans écouter les réponses à leurs questions n'ont pas attendu le Web pour exister. J'ai le souvenir de femmes, amies de ma mère qui venaient prendre le thé à la maison et ne manquaient jamais de demander la recette du cake qui leur était offert. Ma mère, grande pâtissière et généreuse, satisfaisait toujours leur curiosité. Tradition orale à 100 %. Personne ne prenait de notes. Seules l'écoute, la mémoire et la pratique immédiate permettaient d'inscrire une nouvelle recette à son répertoire. Mais il n'était pas rare que la même personne réclame la recette du même cake trois ou quatre fois.

Ma mère le sentait et lorsque cette dame descendait l'escalier de notre petite maison, elle me disait : « Esther ne fait jamais de pâtisserie et n'écoute rien de ce que je lui dis. Elle est comme ça ! »

C'est si rare d'écouter vraiment, de s'intéresser à l'autre, que cette attitude supposée la mieux partagée dans tout groupe humain devient signe de distinction.

Je ne suis pas thérapeute, mon écoute est de nature différente, mais j'aime me rendre disponible à cet exercice et essaie de l'être – même si je suis une éternelle débutante. J'en suis doublement gratifiée. Au plaisir que je prends s'ajoute celui de mon interlocuteur, à qui il est rare que cette attention échappe. Le seul risque est que l'autre en redemande. On s'y soustrait avec un peu de discernement et toujours poliment, lorsque la relation n'a pas vocation à devenir régulière.

Ma surprise fut totale lorsque, il y a cinq ou six ans, deux patrons d'entreprise que j'avais déjà rencontrés, et avec lesquels le courant était passé, ont demandé à me voir une fois par mois pour une conversation qui, disaient-ils, leur clarifiait les idées, en suggérait de nouvelles, et somme toute leur faisait du bien. Au contraire d'Esther, eux prenaient des notes. J'ai beaucoup aimé cet exercice insolite

C'est si rare d'écouter vraiment, de s'intéresser à l'autre.

pour moi, qui consistait essentiellement à les écouter avec empathie et à apporter des réponses à leurs questions. Réponses qui étaient toujours contenues dans leurs propres interrogations. Il suffisait de les écouter vraiment, avec le cœur.

Depuis, ma conviction est établie : chacun est plus riche (de réponses) qu'il ne le croit. L'autre peut seulement aider à formuler les bonnes questions.

Enfin, sur le plan professionnel et personnel, écouter est efficace. Pour la bonne raison que lorsqu'on le fait vraiment, on comprend mieux ce qui est dit et on le mémorise. Ce qui permet de fournir une proposition plus juste.

Un réflexe, nécessaire mais pas suffisant, comme au théâtre ou au cinéma : il est recommandé d'éteindre son téléphone portable pour que l'écoute soit optimisée. Geste de mutilation ultime, si l'on observe le nombre de personnes qui n'y parviennent pas.

Comme vous n'êtes pas de celles-là, vous poursuivez l'exercice, en considérant la personne qui vous parle comme étant la seule au monde.

Vous entendrez vraiment ce qu'elle vous dit, vous apprendrez des choses, et si vous la rencontrez pour la première fois, il n'est pas dit que ce soit la dernière. Ou au contraire, vous saurez pourquoi vous ne la reverrez pas.

Écouter, c'est rencontrer. Un texte, une musique, un homme, une femme, vos enfants ou votre amoureux, votre vraie nature.
Vous connaissez quelque chose de plus précieux ? Moi pas.

Écouter, c'est rencontrer.

S'amouracher du quotidien

« *Rappelez-vous que le geste simple, sans cesse répété, transforme la personne qui le fait. Ce qui importe est le geste juste.* »

Karl Graf Dürckheim

La répétition n'a pas bonne presse, elle est synonyme d'ennui. Pour des ouvriers sur des chaînes de montage, certainement ; mais pour vous et moi ?
Essayez donc l'inverse : l'acceptation pleine et entière des gestes ou activités qui reviennent chaque jour. Ça revalorise tout.
Ressentez-vous de l'ennui à dire « bonjour » ou « merci » ? À faire des câlins à votre amoureux ou amoureuse ? À dormir, à retrouver votre équipe, ou à passer à table ? Si tel est le cas, il faudrait consulter, ou au moins vous interroger sur vos choix de vie. Le quotidien n'est pas la cause.

Je n'aime rien tant que ce qui se répète. L'ordinaire. Un beau mot, dont le sens a évolué de l'habituel au médiocre.
Se réveiller par exemple. Un calvaire pour beaucoup de gens – qui finissent bien par se lever, mais dans quel état ? Sont-ils vraiment réveillés ? Ils fonctionnent un peu au radar les deux premières heures de la journée, carburant à la caféine. Dommage. Cette journée-là, ce matin-là ne reviendront plus jamais. Les choses ont beau se répéter, si on leur porte attention, ça n'est jamais à l'identique.
J'ai la chance qu'une journée qui commence me mette en joie. Aussi, je la démarre le plus tôt possible. Même si elle est « programmée », je lui fais confiance pour me réserver une surprise – un événement « extra-ordinaire » peut venir l'assombrir ou l'éclairer. J'essaie d'accueillir ce qui vient, non sans mal parfois – mais l'absence de choix m'y invite. Jusqu'au moment où je me souviens d'une évidence : tout est éphémère. Demain sera un autre jour, même s'il ressemble étrangement à aujourd'hui.

Je n'aime rien tant que ce qui se répète.

Marcher tous les jours

« La marche a quelque chose qui anime et avive mon esprit ; je ne puis presque penser quand je reste en place ; il faut que mon corps soit en branle pour y mettre mon esprit. »

Jean-Jacques Rousseau

Il ne s'agit pas de performance. Marcher pour prendre du plaisir, regarder autour de soi, respirer, sentir son corps vivant, son esprit en éveil et les saisons se succéder.
Redresser sa posture pour mieux se concentrer sur ce mouvement qui signe le bipède humain. Marcher debout sur deux jambes nous différencie de toutes les espèces. Les grands singes y parviennent un peu, mais pas de façon continue et permanente, nous dit Pascal Picq, le célèbre paléoanthropologue. Cette déambulation sur nos jambes a libéré les mains et développé le cerveau.

Je comprends mieux pourquoi j'aime marcher les mains libres. Merci Pascal Picq.

Tant de philosophes « marcheurs » ont écrit sur le sujet ! Marcher et penser, on l'a dit, forment un couple indéfectible, l'un inspirant l'autre. La pensée épouse la disposition particulière de notre corps. En marche, on laisse toute liberté au flux de la conscience, qui s'exprime alors par associations d'idées, non plus par déduction logique. La cure psychanalytique relève de la même démarche. Peut-être pour nous mettre en route.

On laisse toute liberté au flux de la conscience.

Et si marcher ou flâner seul semait dans notre esprit une petite graine de philosophe ?

Pour toutes ces raisons, marcher est pour moi une pratique addictive. Vitale.

Vous le savez désormais, je marche seule – avec ma petite chienne Maya – dans Paris, entre quarante-cinq minutes et une heure tous les matins dès 6 h 30. La moitié de l'année, il fait froid et nuit – seuls les réverbères et les phares des voitures éclairent la ville. Je n'en souffre pas. L'air vif stimule mon pas et mon cerveau. Aux beaux jours, les joggers sont plus nombreux, les couleurs de leurs vêtements plus vives. La lumière du petit matin me remplit de joie. Même en hiver – qui n'est pas ma saison préférée –, je reviens de ce modeste exercice chargée à la fois d'énergie et de calme.

La journée en société, celle où on ne s'appartient plus, peut démarrer, je suis assurée d'être moi-même.

Faire une retraite annuelle

Tradition religieuse pour se recueillir, elle peut aussi se pratiquer de manière laïque.
Me retirer temporairement de mes obligations et de mon environnement habituels, pour me retrouver seule face à moi-même – et, si possible, face à la mer –, en silence, m'est nécessaire.
Le mot même de « retraite » peut inquiéter. Pour ceux de la génération Y, qui vivent en grappes entre copains, copines, colocs, ou en communautés fussent-elles virtuelles, la solitude totale peut paraître assez raide. Pour de plus âgés aussi. Rien ne l'impose, si ce n'est une sorte d'urgence physique, charnelle.
Généralement, ce besoin n'apparaît que dans la deuxième moitié de vie. Je l'ai ressenti au bout de quinze ans de mariage. Ayant vécu seule jusqu'à l'âge de 42 ans, solitude et silence me manquaient. La vie de couple, qui me plaît, est compatible voire stimulée par ce type de parenthèse.

Sur les conseils d'un ami, je suis donc allée vivre huit jours en silence – repas compris –, dans une communauté laïque en Ardèche animée par Arnaud Desjardins, ainsi que je vous en ai déjà parlé.

Un choc, dès le premier jour. Comme je n'avais jamais rencontré quelqu'un qui m'en ait fait un récit, l'expérience fut puissante, insolite et tout à la fois familière. Comme quelque chose que j'aurais déjà vécu et qui sonnait juste en moi. Au bout de quarante-huit heures, je me suis sentie plus légère, apaisée, plus attentive aux autres, au paysage, aux sons de la nature. Une réelle et rapide transformation de la perception des choses et des êtres. Je faisais de longues marches, et j'écrivais d'un élan nouveau qui me réjouissait.

> *Je n'étais plus seulement un corps et un esprit, j'avais aussi une âme.*

Je n'étais plus seulement un corps et un esprit, j'avais aussi une âme. Entre le savoir et le sentir, il y a un monde.

Avec la lecture, les deux méditations guidées, matin et soir, et deux heures de travail en cuisine que je devais à la communauté, mon emploi du temps était bouclé. Le tout sans un mot. Déconnectée du monde et connectée à soi. Ces huit jours m'ont paru longs et courts à la fois. J'ai installé ce rituel bienfaisant au début de l'été, pendant plusieurs années, jusqu'au décès d'Arnaud Desjardins en 2011. Cette absence a

coupé le lien qui me portait vers ce lieu, mais non mon besoin de solitude.
Depuis, j'ai choisi une cure de jeûne seule, dans une clinique spécialisée. Je veille là aussi à rester en silence au maximum. Et j'en retire sinon des bénéfices de même nature, du moins une légèreté du corps et de l'esprit chaque fois bénéfique. Plus de distance avec les événements aussi. Une autre manière pour l'âme de retrouver sa place.

Pratiquer une activité manuelle

La liste des possibles est immense.

Non électronique, de préférence.
Je ne tenterai pas ici la liste des possibles, le choix est immense.
Pour moi, il s'agit de préparer la nourriture et d'écrire.
Cuisiner salé ou sucré me vide la tête, me recentre, mais surtout me remplit de joie et de calme à la fois. Si je le répète ici, c'est que ce sont pour moi des sensations vitales.
Lorsque j'enfile mon tablier blanc avant de me « mettre aux fourneaux », je ne pense à rien d'autre. Je perds la notion du temps, sauf des temps de cuisson grâce à mon fidèle accessoire, le minuteur. C'est le fameux « état de flux » – cette sensation de plénitude que l'on atteint quand on s'adonne à une activité qui nous correspond pleinement.
Comme je prépare à manger chaque jour, je me ressource quotidiennement. Le stress peut montrer le bout de son nez, il n'a pas le temps

de s'installer. Je le roule dans la farine. Vexé, il s'en retourne dans sa tanière.

Mon autre activité « flux » est l'écriture au long cours, celle d'un livre. Une fois calée dans mon fauteuil, je peux y rester la journée sans ressentir ni faim ni soif. Écrire, c'est s'oublier. Seul JL vient me rappeler à la réalité. Je pense différemment lorsque j'écris à la main ou avec un clavier. Les idées ne me viennent pas dans le même ordre. Je continue à les coucher sur le papier avant de les développer sur mon ordinateur. Toutefois, si écrire longtemps, en état de flux, ne garantit pas la qualité de la production, au moins j'y trouve mon plaisir.

J'aime autant jouer avec les légumes qu'avec les mots et les idées. Mais si je cuisine très vite, j'écris lentement et envie les chanceux comme Françoise Sagan qui pouvait descendre dix feuillets par jour… ou plutôt par nuit… de minuit à 6 heures, disait-elle.

Mon passage du stylo à l'ordinateur depuis 1996 n'a rien arrangé. Comment ne pas céder à la facilité avec laquelle on efface puis réécrit. Précieux mais chronophage. Sans parler de la magie des recherches d'infos ou de mots qui viennent interrompre le flux des idées, mais enrichir le contenu.

Je reconnais que je cuisine mieux que je n'écris. Mais j'aime autant l'un que l'autre et ne désespère pas de progresser, encouragée par votre fidélité bienveillante de lecteur.

Au fait, écrire, est-ce une activité manuelle ? Ni plus ni moins que cuisiner, qui convoque la main mais aussi le cœur, l'esprit, l'imagination et l'âme.

S'ALLÉGER

DANS TOUS LES DOMAINES : kilos, activités, amitiés, dossiers, biens matériels en tous genres. Trop de tout ! Les agendas, les placards, la tête, les soirées, tout peut devenir encombrant. Et la vie est courte.
Faire le vide est plus facile à dire qu'à faire. Mais ô combien nécessaire, comme tout ce qui permet de se concentrer sur l'essentiel.
Souvent je me pose la question suggérée par une virtuose du vidage d'armoires : « Ce vêtement, cette rencontre me mettent-ils en joie ? » Il convient de se séparer ensuite de tout ce et ceux pour lesquels on répond NON. Ça semble simple et je suis convaincue que ça marche.
Oserai-je avouer que j'y arrive pour les personnes et les activités mais plus difficilement pour mes placards, qui croulent de trucs inutiles, voire de livres que je ne lirai ou ne relirai jamais ? Quant aux beaux albums de tout – mode, décoration, cuisine, photos, illustrations, bandes

Faire le vide est (ô combien) nécessaire.

dessinées –, je les ai achetés ou reçus en cadeaux avec, sur le moment, un vrai plaisir. Mais je n'en ai pas ouvert un seul depuis des années et l'on n'ose pas jeter ces nobles objets. J'en ai donné beaucoup, mais il en reste. Ma petite voix me dit que la victoire est à portée de mains.

Cette quête de légèreté qui m'habite et que je n'atteins pas encore demeure un horizon quotidien. J'ai renoncé à comprendre pourquoi je ne fais pas ce que je sais être bon pour moi et utile à d'autres. La sagesse suggère qu'un horizon, comme un rêve, n'est pas fait pour être atteint mais pour donner une direction, une sorte de foi qui maintient en mouvement.

Essentiel, qu'en dites-vous ?

Encore une confidence aussi absurde que drôle. Je me dis que le jour où je viderai suffisamment mes placards, je me délesterai également de ces quelques kilos qui m'encombrent davantage la tête que les hanches.

Raison de plus pour gagner cette bataille.

Patienter

Ah, je vous vois déjà gigoter sur votre chaise et lever les yeux au ciel. « Tout, mais pas ça ! »
Nous ne sommes pas seuls responsables de cette culture de l'impatience. Elle est alimentée chaque seconde par l'utilisation de nos précieux mais addictifs outils numériques. En à peine quinze ans, ils ont changé nos vies. N'ont-ils pas fini par nous convaincre que l'impatience devient une condition du succès ?
Reste qu'un ado n'a rien connu d'autre que le « tout, tout de suite et gratuit ». Pour une trentenaire, c'est la moitié de son existence. Pour moi, septuagénaire, 20 % seulement. J'ai donc vécu l'attente, la patience, le temps long. Ils sont inscrits dans mon corps, mon esprit et ma mémoire. J'habite un autre temps et un autre espace que mes petits-enfants. Même si je ressens l'accélération actuelle, je suis moins pressée que les natifs du numérique.

J'ai vécu l'attente, la patience, le temps long.

En écrivant ces lignes, je réalise que j'étais déjà, pour ma grand-mère, une boule d'impatience. N'est-ce pas le propre de la jeunesse ? Apparemment paradoxal car jeune, on a la vie devant soi. Oui mais jeune, on a tant de désirs. Observant que je connais de plus en plus l'impatience, j'en ressens un inconfort tel, que j'essaie de me reprogrammer. Chaque fois que j'arrive à l'heure à un rendez-vous professionnel, médical ou amical et que la personne est en retard, j'ai trouvé un truc efficace : au lieu de regarder ma montre toutes les trois minutes, ce qui accélérait mon rythme cardiaque, j'ai appris à vivre tout retard comme un cadeau. Je profite de ce temps offert pour regarder les gens qui passent ou qui attendent aussi, ou bien les tableaux ou affiches qui meublent les lieux et en disent long sur ceux qui y vivent. Et si ça se prolonge, j'ai toujours dans mon sac un livre qui me transporte ailleurs. Si le rendez-vous se tient chez moi, je poursuis mon travail en toute quiétude, interrompue par la cascade des textos coupables : « J'aurai 10 mn de retard », puis « Je cherche une place », puis « Le code ? ».

Moi qui aime tant la radio comme auditrice, je suis bluffée par l'aisance que gardent les journalistes les yeux pourtant rivés sur l'horloge, casque à l'oreille, tout en continuant leur émission structurée d'interviews, relances ou annonces des différentes rubriques sans perdre le fil de leurs idées ni le décompte des minutes. Sont-ils aussi à l'heure dans la vie ? Ou prennent-ils leur revanche en oubliant la montre ?

Et puis, souvenons-nous que l'alternance en toutes choses donne plus de relief. Celle du temps court/temps long est vitale. En management, elle est aussi un des secrets du succès. Apprendre à patienter relève d'un impératif de santé, puisque les occasions de s'impatienter sont fréquentes. Seule la prise de conscience de cette nécessité peut déclencher une pratique quotidienne. Une sorte de rééducation qui permet ce progrès salutaire pour ne pas exploser en plein vol ou faire exploser ceux qui vous entourent. Certes on fait moins de choses, mais mieux et plus agréablement. L'impatience tient de l'apnée. Si on dépasse le seuil de ses capacités, les conséquences peuvent être fâcheuses.

Alors nous méritons bien de nous témoigner cette politesse.

Apprendre à patienter relève d'un impératif de santé.

Vieillir, enfin libre !

> « *Voilà l'objectif final : conquérir soi-même une grande simplicité intérieure, mais comprendre jusque dans ses plus fines nuances la complexité des autres.* »
>
> Etty Hillesum

Je suis enfin assez vieille pour être moi-même. Ne soyez pas troublé par ce mot « vieille », très mal vu en ces temps de jeunisme. J'ai toujours aimé les vieux. J'aime ce mot, ce qu'il incarne comme étape de vie et la liberté qu'il me procure.
À 73 ans, je me dépouille, pour ne garder que l'essentiel. Tel l'oignon que j'épluche avant de le savourer. J'en détache les peaux extérieures une à une, pour ne conserver que les plus tendres. Et si je pleure, c'est de rire. S'alléger est jubilatoire. Tous les choix de vie – privée et professionnelle – sont derrière moi. Le chemin qui se

présente est plus clair, moins sinueux, plus simple, plus bref aussi. Cette conscience du temps qui reste incite à se libérer d'un grand nombre de contraintes.

Mon unique projet est de me sentir vivante jusqu'au bout.

Mon unique projet est de me sentir vivante jusqu'au bout. Un « bout » dont j'ignore le terme. Mais qui m'invite à replacer tout événement par rapport à lui.

La mésaventure qui nous guette tous est de vieillir seul. Et lorsque la maladie s'en mêle, tout se complique. Ne reste alors que le tempérament pour faire la différence. L'âge accentue tous les traits, y compris de caractère. Il devient plus crucial que jamais de cultiver sa bonne humeur et sa capacité à rire de soi. C'est le kit de survie des vieux.

D'un naturel heureux, j'ai la chance suprême de vivre, donc de vieillir, avec l'homme que j'aime, entourée de trois familles. La mienne, la sienne devenue la nôtre et la famille choisie, beaucoup plus restreinte, composée d'amis très chers. Cette chance, je la sais précaire. Elle n'en est que plus éclatante.

Mais d'autres changements s'imposent, surtout aux femmes. Elles redoutent tant de perdre, avec l'âge, leur séduction. Je ne crois pas que ce soit une fatalité. Je suis moins conquérante, certainement. Je sens bien que l'oignon – si je poursuis ma métaphore culinaire – perd sa peau la plus épaisse, la plus protectrice. Je suis devenue plus

vulnérable, en même temps que plus légère et confiante. Cesser de fonctionner avec pour préoccupation majeure, fût-elle inconsciente, le regard des autres est un petit pas vers la sagesse. Mais, avec l'âge, d'autres séductions peuvent apparaître.
Cette grâce, celle de mon chat, on l'a ou pas. Elle ne s'apprend, ni ne s'exerce, ni ne se perd. Elle est. Et devient un trésor en vieillissant. On lui doit de rester entouré. À condition de veiller à se maintenir au mieux de soi, au physique et au mental. Et ça, c'est du boulot.
Différent de la solitude affective, l'isolement social est un vrai danger. Sitôt sorti du champ professionnel, il nous menace, même en couple. D'où mon obsession d'être toujours active, tant que ma santé me le permet. Pour rester en lien, en éveil, en apprentissage. En vie.
Nous arrivons là au cœur de l'oignon, celui que l'on préserve pour sa saveur. Emprunter avec audace de nouvelles voies est une forme de libération. Ce qui m'a permis de découvrir qu'encore, à mon âge, je pouvais élargir mon champ des possibles.
Je ne cesse jamais d'apprendre, et d'abord à me connaître. Il me suffit, à présent, de dire OUI à ce qui se présente, avec un peu de discernement. Pas nécessairement pour réussir, mais pour la liberté de le tenter. Autre bénéfice de l'âge,

Je ne cesse jamais d'apprendre.

me tromper n'est plus un drame, au contraire, j'apprends aussi cela.

Je ne serais pas tout à fait honnête si je ne vous confiais que cette libération, cette nouvelle vie plus simple, où rien sauf la maladie et la mort n'est grave, fut accélérée par mon choix d'arrêter le métier d'éditeur de presse. Je n'ai senti le poids du fardeau qu'en le déposant, car je m'étais habituée à vivre avec. Je découvre que je peux vivre encore mieux sans.

L'âge a cette vertu : nous ne souffrons plus de boulimie de faire, d'entreprendre, de réussir, de convaincre, d'avoir raison. Il nous invite à nous délester de tant d'obligations inutiles, de relations périphériques, d'activités ou de voyages qui ne nous correspondent plus. Reste l'essentiel, la curiosité et la contemplation.

Et puis, merci l'oubli.

Imaginez une seconde que nous accumulions les chagrins, colères et rancœurs d'une vie. « Avec le temps », chantait Léo Ferré, on oublie même les bons moments, les beaux voyages, les bons films. On garde quand même ceux qui nous ont nourris, réjouis et rendus heureux. La sélection naturelle opère, d'où ma tendance à relire les mêmes ouvrages, à retourner aux mêmes endroits, à revoir mes films cultes.

Jusqu'au jour (je m'en approche) où la mémoire utile décide de se mettre au vert. Et là, c'est

Reste l'essentiel, la curiosité et la contemplation.

incommodant. Je me retrouve souvent à chercher le titre d'un film ou le nom de personnes pourtant familières. Un nouvel handicap, qui vient s'ajouter au fait que je n'ai pas la notion du temps. L'heure oui, mais pas la durée. Même les âges de nos petits-enfants ou de mes frères m'échappent à un ou deux ans près. Mais je sais où les retrouver. Et je ne me rends pas malheureuse pour si peu. D'autant qu'on ne m'en veut guère lorsque j'oublie un anniversaire.
Alors oui j'ai mal partout et mon agenda est ponctué de rendez-vous médicaux. À ce jour, rien qui m'empêche de fonctionner. Je déguste cette chance chaque matin avec JL, et bien que l'écriture nous occupe beaucoup, nous parvenons à nous rendre disponibles (jamais assez) pour nos proches, qui eux ont besoin d'être entourés, parce que seuls et souffrants.
C'est aussi pour cela qu'il importe de bien vieillir.

Trouver sa place pour ne pas se tromper de vie

« Tous nous serions transformés si nous avions le courage d'être ce que nous sommes. »

Marguerite Yourcenar

MODELÉS DÈS NOTRE ENFANCE PAR NOS GÈNES, notre éducation, le regard que les autres portent sur nous, la place qui nous est assignée au sein de la famille, sans parler du lieu et du moment de notre naissance, nous avons quelques difficultés à nous frayer un chemin singulier.
Il nous revient de découvrir, par nous-même, notre vraie nature, notre potentiel, notre désir. Le meilleur accélérateur dans cette voie fut pour moi de quitter très tôt le domicile familial. Là seulement, ce travail a pu commencer.

Découvrir notre vraie nature, notre potentiel, notre désir.

Contrairement à mes petits-enfants, dans mon enfance, je n'ai jamais été priée ni encouragée à devenir moi-même. Pas plus que mes frères et sœur. En revanche, la différence de chemin assigné aux garçons et aux filles était claire : les premiers devaient avoir un métier et gagner leur vie. Les secondes, se marier le plus tôt possible, et élever leurs enfants.

Je faisais partie d'un système humain qui s'appelait la famille. Mon comportement, ou celui de mes frères, bénéficiait ou pénalisait la famille entière. De quoi vous donner un sens solide de la famille, ou une allergie.

J'avais 14 ans lorsqu'un clash douloureux avec mes parents m'obligea, pour fuir la colère de mon père, à aller me réfugier chez mes grands-parents et ma tante, loin des miens, à quatre cents kilomètres. Ce fut la chance de ma vie.

Après le regard méfiant de mon père, durant cet épisode, j'ai trouvé celui de mon grand-père si bienveillant, accueillant, confiant, d'une tendresse infinie.

J'étais donc capable de susciter (aussi) de tels sentiments ?

Il me restait à les faire miens. Je sentais que mon capital vital était là.

Ce fut long et douloureux. J'en ai gardé longtemps une mélancolie, une forme de détachement, d'où mon goût pour la solitude, le silence,

l'intimité, les cœurs blessés, et la perspective apaisée de ma propre mort.
Mais, et très probablement en réaction, j'ai aussi développé, forgé, une joie manifeste, une forme de positivité, une propension au rire facile, à l'amour des gens... et un attrait pour les grandes capitales.
Que viennent faire là les mégalopoles ? Elles permettent l'anonymat, la transparence déjà évoquée ici, ce sentiment irremplaçable de liberté, impossible dans les petites villes. Même si j'en conviens, elles peuvent tout autant isoler.
Mon premier exil fut une libération. D'autres suivront. Mon enfance s'est déroulée à Fès, au Maroc, berceau de l'aristocratie marocaine et de multiples grands esprits de l'islam. Ville provinciale à l'époque, à Fès tout le monde se connaissait au sein d'une communauté. Les cancans et rumeurs allaient bon train avec leur cortège de mesquineries. Trouver sa place était mission impossible.
Dix ans de psychanalyse, de belles rencontres et quelques succès furent nécessaires avant « d'accepter » celle que j'étais, que je suis toujours, avec ses balafres au cœur, ses rondeurs aux hanches et son profond désir de transparence. Après tout, le fameux roman de Wells, *L'Homme invisible* porté à l'écran et suivi de *La Femme*

Mon premier exil fut une libération.

invisible de Sutherland, nous disent bien qu'il s'agit là d'un fantasme humain.

Oui, je me vis comme transparente. Je n'ai jamais cherché ni connu la célébrité. Ce qui finit par constituer un signe de distinction, dans nos sociétés où l'étalon est le nombre de *followers* que l'on a sur les réseaux sociaux.

Mais alors, me direz-vous, publier des livres, afficher des vidéos sur Facebook, c'est quoi, si ce n'est être visible ? J'en conviens, je m'expose. Pour satisfaire mon désir de transmission. Donc j'assume le risque, bien mince, inhérent à la place où j'ai choisi de me tenir.

Il m'arrive encore de ne pas aller vers une personne que j'ai déjà rencontrée, que miraculeusement je reconnais, de crainte qu'elle ne se souvienne pas de moi, et donc de l'importuner. J'attends qu'elle vienne vers moi.

Avec le temps, ce grand thérapeute, j'ai appris à aimer aller vers les autres. À dire un simple OUI à la vie, à ce qu'elle m'offre, bonheurs et difficultés, pour accueillir pleinement les premiers et affronter les secondes avec plus de philosophie et d'énergie. En évitant d'injurier le sort, lequel est dur d'oreille. Le « pourquoi moi ? », très pratiqué devant les avanies de la vie, s'avère une rumination stérile. Puisque la seule réponse sage serait : « Pourquoi pas ? »

L'autre forme de libération – pour trouver ma place – a été le pardon. J'ai été heureuse de pardonner à mon père, bien longtemps avant qu'il ne disparaisse. Le chagrin, lui, s'use avec le temps. Que deviendrions-nous sans l'oubli ? Une fois habités d'une forme de confiance, de ce OUI, nous pouvons espérer devenir ce que nous sommes, selon l'injonction nietzschéenne. Nous commençons à écouter notre petite voix intime, celle de l'intuition ; à savoir qui l'on est, ce que nous voulons.

Écouter son intuition.

Je ne prétendrai pas n'avoir eu que de bonnes intuitions. Mais celles que j'ai suivies ont été décisives pour trouver ma place. Les autres m'ont été utiles aussi. Elles m'ont appris à accepter mes erreurs, comme étant dans la nature des choses. Ce qui m'a longtemps bloquée sur la voie de la connaissance de moi-même fut un tenace sentiment d'échec – jusqu'à ce que j'apprenne à accueillir ses vertus, comme je vous en ai parlé.

Les grands chercheurs scientifiques ou mathématiciens vous diront qu'à l'origine de leurs découvertes, il y a une intuition. Leur travail consiste ensuite à en faire la preuve par l'expérience. En acceptant patiemment de faire des centaines d'erreurs, des années durant. Ils n'en cultivent pas un sentiment d'échec pour autant. Mieux, avez-vous remarqué que ces grands chercheurs sont souriants ? Axel Kahn, Cédric Villani, pour ne citer qu'eux.

Devenir ce que l'on est ou s'en approcher consiste à se libérer d'une idée de soi, trop étroite, négative, souvent plaquée sur vous par d'autres.

En accueillant ce que la vie propose, nous nous surprenons à réaliser des choses dont nous ne nous savions pas capables. Et aussi à suivre des voies nouvelles, faire de nouvelles rencontres.

Mais contrairement à une plante que l'on arrose et qui se développe à la lumière, avant de donner naissance à une autre puis de mourir, notre esprit, lui, évolue de manière différente de notre corps. Le corps grandit rapidement puis amorce son vieillissement progressif.

Notre esprit, au contraire, a soif de toujours plus et peut se développer quasiment jusqu'au bout, si la santé et le milieu dans lequel on vit le permettent.

Pour conclure sur cette belle aventure humaine – « trouver sa place » et résister à la (seule) tentation de paraître –, je partagerai une dernière observation : être et paraître sont souvent évoqués en opposition – tout comme l'être et l'avoir –, valorisant toujours et à juste raison le premier.

L'opposition n'est-elle pas un peu simpliste et les individus que nous sommes plus complexes ?

Ne sommes-nous pas également ce que nous paraissons être ?

Sauf à vouloir se « travestir » pour des raisons de statut social, de déficit de confiance en soi ou que sais-je, quelqu'un que je rencontre une première fois se révèle souvent ce qu'il me paraît être. Souvent, mais pas toujours – à l'avenir de le confirmer. Cette fameuse première impression peut en effet se corriger par la suite. Ainsi connaissons-nous tous des individus assez froids, distants, qui s'avèrent tout simplement timides. Une fois mis en confiance, on découvre des gens pleins d'humour et de bienveillance. Vivre au plus près de ce que l'on est. À notre place. Ainsi serons-nous toujours en devenir, jusqu'à la mort. Vivre à sa place est à ce prix.

> *Ne sommes-nous pas également ce que nous paraissons être ?*

L'ESSENTIEL EST MYSTÈRE

« Le silence qui suit l'œuvre de Mozart est toujours du Mozart. »

Chalom Katz

À CHACUN SON ESSENTIEL. À CHACUN SON MYSTÈRE. Pour moi il se résume à cinq lettres : aimer.
Je ne peux répondre aux questions suivantes : Pourquoi j'aime mon mari ? Pourquoi, contrairement à ce qui semble admis, cet amour se renforce et se transforme avec les années ? Pourquoi suis-je émue par un champ de coquelicots et pourquoi la simple vue de la mer me réjouit ? Pourquoi je n'aime ni les fêtes, ni la campagne ?
Mystères. Et j'aime qu'il en soit ainsi. Car ils me définissent autant, voire davantage, que ce que je crois avoir compris.

Je ne peux répondre à toutes les questions. Et j'aime qu'il en soit ainsi.

Même la théorie du big bang, jusque-là identifiée par des scientifiques comme à l'origine de l'univers, fait débat. Le mystère de la création reste entier.

La quête de chacun, consciente ou non, n'est-elle pas de découvrir son essentiel et de s'y tenir ? D'autres diraient : de découvrir ce qui « donne du sens à sa vie ».

Toute notre existence tend ou devrait tendre vers cette mise à jour nécessaire pour éclairer notre chemin et nos choix. Pour habiter notre vie et non celle du voisin.

Beaucoup d'entre nous avons eu très tôt des intuitions avec lesquelles nous avons entamé de longues négociations, au point parfois de les repousser. Manque de confiance ? Trop cartésien ? Peur de l'échec ? Souvenir d'une mauvaise expérience ?

Même si, comme je crois vous l'avoir dit, j'ai suivi dès l'âge de 15 ans deux intuitions fortes que je n'ai jamais regrettées – être autonome financièrement jusqu'à ma mort et ne pas avoir d'enfants –, tant d'autres ont été écartées, sans que je puisse dire pourquoi.

À trop dire non à nos désirs et oui à ceux de nos parents pour nous, on se perd au lieu de se trouver. On se trompe de vie.

Tôt ou tard, cette prise de conscience advient. Elle peut être douloureuse. Il nous reste à

accepter ce qui nous demeure inconnaissable. Dans le but de devenir soi-même. De se débarrasser d'une éducation – du moins celle qui aurait étouffé notre intuition, parfois une vocation. En un mot, de s'alléger de croyances, de certitudes, de peurs, d'habitudes.
Toujours l'image de l'oignon pelé avec soin pour n'en déguster que le meilleur. L'éplucher peut coûter quelques larmes, identiques à celles qui coulent lorsqu'on se débarrasse d'une illusion tenace. Mais cette tâche nécessaire est accessible à tous, dès lors que nous en prenons conscience.
Mieux, que nous en rions.
Nous découvrons alors que nos yeux brillent d'un éclat singulier et nous voyons un peu plus clair en nous et devant nous.
Pourquoi le meilleur de l'oignon n'est-il pas à l'extérieur ? Pourquoi cultivons-nous tant de croyances ? Pourquoi la vie semble-t-elle si compliquée ?
Mystère vous dis-je, et c'est bien ainsi.
Ma conviction s'est forgée avec le temps, et par étapes, peut-être indispensables. Dix ans de psychanalyse suivis de dix ans à diriger *Psychologies Magazine* m'ont permis de muer, tel un serpent, puis de renoncer à vouloir tout comprendre. Accroissant ainsi la part de mystère et son acceptation.

Et si vivre pleinement se résumait à vivre sans pourquoi ?

Et si vivre pleinement se résumait à vivre sans pourquoi ? Je crois l'avoir compris récemment, avec la force de l'évidence... à 73 ans !

Vous n'aurez aucun mal à faire mieux. Je vous le souhaite. Et si j'ai pu vous y aider un tout petit peu, alors le mystère sera total.

Conclusion

> « Je suis une femme de l'aube, du petit matin et de ses promesses. Chaque journée la même et différente. »
>
> Pierre Michon

Pour conclure ce petit livre, qu'ajouter à cette citation, extraite d'un recueil de nouvelles au si beau titre, *Vies minuscules* ?

Composition et mise en pages
Nord Compo à Villeneuve-d'Ascq

Imprimé en France par CPI
en février 2019

Dépôt légal : septembre 2017
N° d'édition : L.01EPMN000956.A006
N° d'impression : 151932
ISBN : 978-2-0814-1567-6